交通运输职业教育高职新能源汽车运用与维修专业教材

U0649748

Xinnengyuan Qiche Weihu yu Jiance Zhenduan

新能源汽车维护与检测诊断

全国交通运输职业教育教学指导委员会　组织编写

夏令伟　主　　编

王凯明　许建忠　主　　审

人民交通出版社股份有限公司
China Communications Press Co.,Ltd.

内 容 提 要

本书为交通运输职业教育高职新能源汽车运用与维修专业教材。全书分为四个模块,主要内容有:新能源汽车维护作业、新能源汽车检测与数据分析、纯电动汽车故障诊断与分析、混合动力汽车故障诊断与分析。

本书可作为高职高专院校新能源汽车运用与维修专业的教学用书,也可作为新能源汽车技术人员的培训教材,以及新能源汽车专业师资培训教材。

图书在版编目(CIP)数据

新能源汽车维护与检测诊断/全国交通运输职业教育教学指导委员会组织编写;夏令伟主编. —北京:
人民交通出版社股份有限公司, 2018.2
ISBN 978-7-114-14465-3

Ⅰ. ①新…　Ⅱ. ①全…②夏…　Ⅲ. ①新能源—汽车
—车辆修理　Ⅳ. ①U469.7

中国版本图书馆 CIP 数据核字(2017)第 322085 号

书　　　名:新能源汽车维护与检测诊断
著　作　者:夏令伟
责任编辑:张一梅
出版发行:人民交通出版社股份有限公司
地　　　址:(100011)北京市朝阳区安定门外外馆斜街 3 号
网　　　址:http://www.ccpcl.com.cn
销售电话:(010)59757973
总 经 销:人民交通出版社股份有限公司发行部
经　　　销:各地新华书店
印　　　刷:北京市密东印刷有限公司
开　　　本:787×1092　1/16
印　　　张:12
字　　　数:274 千
版　　　次:2018 年 2 月　第 1 版
印　　　次:2022 年 1 月　第 3 次印刷
书　　　号:ISBN 978-7-114-14465-3
定　　　价:28.00 元
(有印刷、装订质量问题的图书由本公司负责调换)

交通运输职业教育高职新能源汽车运用与维修专业教材编审委员会

前　言

为落实国务院印发的《节能与新能源汽车产业发展规划（2012—2020年）》精神，适应我国新能源汽车快速发展的形势，满足新能源汽车技术人才需求，全国交通运输职业教育教学指导委员会组织来自交通职业技术院校的专业教师，按照《新能源汽车运用与维修专业教学标准》的要求，紧密结合目前新能源汽车运用与维修专业教学需求，编写了交通运输职业教育高职新能源汽车运用与维修专业教材。

在本系列教材启动之初，全国交通运输职业教育教学指导委员会组织召开了新能源汽车运用与维修专业教材编写大纲审定会，邀请行业内专家对该专业的课程体系和教材编写大纲进行了审定。教材初稿完成后，每种教材由一名企业专家或专业教师进行主审，编写团队根据主审意见修改后定稿，实现了对书稿编写全过程的严格把关。

本系列教材在编写过程中，认真总结了全国交通职业院校的专业建设经验，注意吸收发达国家先进的职业教育理念，具有以下特色：

1. 与专业教学标准紧密衔接，较多地体现了新技术、新工艺、新方法，满足新能源汽车运用与维修专业高技能人才培养的需要。

2. 尽量以多数高职院校配置的新能源车型为载体进行讲解，具有较广的适用性。

3. 采用模块式编写体例，围绕学习目标，聚焦知识和技能培养，体现行动导向的教学观，使培养过程实现"理实一体"。

4. 所有教材配有电子课件，部分教材的知识点，以二维码链接动画或视频资源，易教易学。

《新能源汽车维护与诊断》是本系列教材之一。参加本教材编写工作的有：

上海中锐教育投资股份有限公司教学部李海燕(编写模块一);上海中锐教育投资有限公司教学部夏令伟(编写模块二);上海杨浦职业技术学校周强(编写模块三);上海中锐教育投资股份有限公司教学部史忠方(编写模块四)。全书由上海中锐教育投资股份有限公司教学部总督学夏令伟担任主编,王凯明、许建忠担任主审。

限于编者水平,书中难免有疏漏和错误之处,恳请广大读者提出宝贵建议,以便进一步修改和完善。

全国交通运输职业教育教学指导委员会

2017 年 11 月

目 录

模块一　新能源汽车维护作业 1

一、纯电动汽车维护作业 1

二、混合动力汽车维护作业 20

技能实训 33

模块小结 39

思考与练习 40

模块二　新能源汽车检测与数据分析 41

一、新能源汽车检测仪器与工具 41

二、诊断仪 44

三、使用新能源汽车诊断仪检测数据 49

四、新能源汽车故障诊断策略 64

技能实训 66

模块小结 74

思考与练习 74

模块三　纯电动汽车故障诊断与分析 76

一、纯电动汽车故障诊断概述 76

二、驱动系统故障原因分析 78

三、动力电池与电源管理系统常见故障原因与分析 79

四、电机与控制系统常见故障原因与分析 81

五、整车控制系统常见故障原因与分析 ·············· 84

六、充电系统常见故障原因与分析 ················· 85

七、纯电动汽车典型故障诊断与分析 ·············· 85

技能实训 ·································· 115

模块小结 ·································· 120

思考与练习 ································ 121

模块四 混合动力汽车故障诊断与分析 ············· 123

一、诊断混合动力汽车故障的能力要求 ·············· 123

二、混合动力汽车的发动机系统常见故障分析 ········· 126

三、混合动力汽车电力驱动系统部件故障诊断与排查 ···· 129

四、典型并联插电式混合动力汽车故障诊断方法 ······· 141

五、典型混联式混合动力汽车结构与故障解析 ········· 145

六、混合动力汽车典型故障诊断与分析 ·············· 157

技能实训 ·································· 171

模块小结 ·································· 179

思考与练习 ································ 179

参考文献 ································· 181

模块一 新能源汽车维护作业

一、纯电动汽车维护作业

(一) 纯电动汽车维护作业项目

新能源汽车维护作业与内燃发动机汽车维护作业相比,大部分作业内容还是传统汽车的维护作业,所以,掌握传统汽车维护作业内容、技术要求,实操能力,对学习掌握新能源汽车维护作业是十分必要的。由于纯电动汽车和传统内燃发动机汽车在动力系统是不相同的,所以纯电动汽车和传统内燃发动机汽车的维护作业存在着差异。

1. 纯电动汽车和传统汽车维护作业的差异

纯电动汽车与传统汽车的驱动动力源是完全不同的,传统汽车是依靠内燃机燃烧燃料做功产生动力,纯电动汽车没有传统汽车的发动机,由动力电池提供电能给驱动电机,驱动车轮转动,如图1-1所示,所以二者在驱动系统的维护作业项目完全不同。

(1)传统汽车的内燃机发动机的维护内容主要是燃油系统、点火系统、润滑系统和冷却系统的维护,定期更换机油和三滤是维护项目中的主要项目。纯电动汽车没有内燃机,所以没有燃油系统、点火系统和润滑系统,也就没有上述系统的维护作业,不需要更换机油和三滤,维护作业项目减少,维护时间也大大减少。

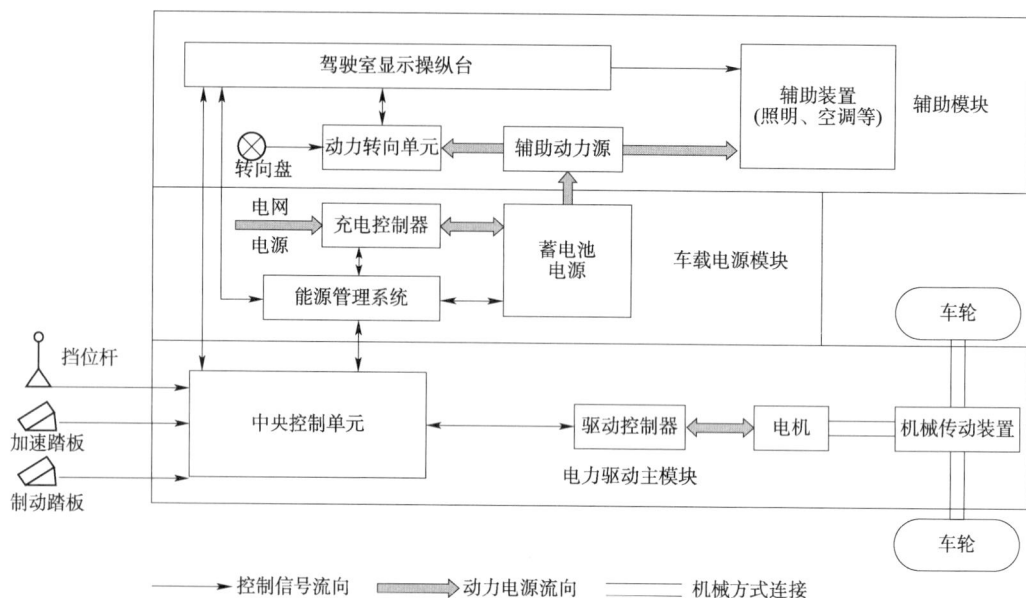

图 1-1　纯电动汽车的结构组成

（2）纯电动汽车驱动系统主要是对动力电池组和驱动电机进行检查养护，包括电动机外部清洁，目检动力电池管理器（BMS）、电机控制器、功率转换器、高压线束和接插件，诊断仪检测各系统是否正常，是否需要系统升级等。由此可见，电动汽车驱动系统的维护作业项目比传统内燃机汽车减少了许多。

（3）在底盘系统方面，传统汽车传动系统包括离合器、手动变速器（或自动变速器）等总成，而纯电动汽车使用固定速比的变速器和减速器，所以维护检查项目减少了许多。

在底盘悬架系统、行驶系统、转向系统和制动系统方面，由于二者的结构组成基本相同，所以维护内容也基本相同。但由于纯电动汽车没有真空源，所以增加了一个电动真空泵，给制动真空助力泵提供真空源。

总之，纯电动汽车和传统汽车在底盘系统方面的维护作业项目基本相同，略有不同。当然不同车型也会有不同之处，譬如，比亚迪 e6 使用的是 BOSCH 的智能制动系统 iBooster，与此完全不同。

（4）纯电动汽车和传统汽车的空调压缩机结构不同，纯电动汽车的空调压缩机由电动机驱动，但其空调系统制冷系统高低压力检查、制冷效果、出风量等与传统汽车基本相同。

（5）纯电动汽车和传统汽车在车身电器方面的维护作业是相同的。

2. 纯电动汽车维护作业特点

纯电动汽车的特点是"三电"，所以维护的特点也在于"三电"。

（1）加强对高压系统的安全防护。日常维护时切勿用手触摸橘黄色高压线束和带有警告标记的部件，定期维护前做好高压安全防护措施。

（2）对高压系统的维护检查主要使用目检和仪器检查，目检检查高压线束和部件外部是否有损坏。诊断仪检查各系统有无故障码，数据是否以红色显示，红色数据表示该数据超出标准范围,有故障。

(3)高压绝缘要用绝缘仪检查。正常情况下不需要检查高压导线和高压部件的绝缘性能,只有当高压导线和高压部件外部有破损,或诊断仪读出高压系统有绝缘故障,或绝缘性能方面的数据用红色显示,这时应用绝缘仪检查高压导线和高压部件的绝缘性能。当高压系统发生绝缘不良故障时,高压互锁起作用,车辆将不能起动行驶。

(二)纯电动汽车的日常维护要点

车辆的日常维护对车辆的使用寿命有着很大的影响,日常维护是以清洁、补给和安全检视为作业内容,由驾驶员负责执行的车辆维护作业。日常维护主要内容包括对汽车外观进行清洁,保持车容整洁;对汽车各部润滑油(脂)、燃油、冷却液、各种工作介质、轮胎气压进行检视补给;对汽车制动、转向、传动、悬架、灯光、信号等安全部位和位置以及发动机运转状况进行检视、校紧,确保行车安全。

纯电动汽车与传统内燃机汽车的驱动动力不一样,纯电动汽车的日常维护应注意以下几点。

1. 勤充电

动力电池经常大电流放电而不及时补充充电是影响电池寿命的最主要因素之一,使用后应及时对动力电池补充充电,有利于延长电池的使用寿命,尤其是冬天更要"勤充电"。

2. 多观察

平时多注意观察仪表盘上的仪表和指示灯、动力电池电量显示、仪表显示是否正常,是否有警示信息显示,如果仪表显示不正常,或警示灯常亮,应及时到维修厂进行检查和维修。

3. 重维护

(1)平时白天使用车辆,下班或晚上回家后应及时补充充电。

(2)如果长期不用时,定期一个月充电一次。保持电池充满电后存放。

(3)电动汽车虽然有良好的防水功能,但仍要避免长期日晒和雨淋,防止车体和机械传动部件生锈,防止电器件进水损坏。

(4)加强日常检查,主要检查制动是否灵活有效;转向盘转向是否可靠;轮胎是否气足;各紧固件、螺母、螺栓、接插件是否松动;低压蓄电池极桩线是否氧化松动,搭铁是否牢靠;电源锁、喇叭、灯泡、按钮是否有效。

(5)加强对高压电系统的目测检查,目测检查黄色高压线束是否损坏,带高压警告标志的部件接插件有无破损。

(三)纯电动汽车维护周期及项目

不同车系、不同车型的纯电动汽车基本组成结构是相同的,所以基本维护作业项目也基本相同,下面以北汽EV160/200纯电动汽车为例,介绍纯电动汽车的维护作业。在学会典型纯电动汽车维护作业能力的基础上,再了解其他类型的纯电动汽车结构组成、维护周期、维护项目、维护作业规范,就能触类旁通,学会其他纯电动汽车的维护作业。

1. 维护周期

不同汽车生产厂家制定的维护周期有所差异,北汽纯电动汽车维护周期见表1-1。

北汽纯电动汽车维护周期 表1-1

维护类别	维护项目	累计行驶里程(km)					
		10000	20000	30000	40000	50000	以此类推
A级维护	全车维护	√		√		√	
B级维护	高压、安全维护		√		√		√

注:北汽纯电动汽车维护周期是北汽新能源厂制定的维护规范,具体作业方法可查阅北汽新能源厂规定的作业方法。

2. 维护项目

北汽纯电动汽车维护项目见表1-2。

北汽纯电动汽车维护项目及内容 表1-2

系统类别	检查内容	处理方法	A级维护			B级维护		
			项目	配件及材料	数量或价格	项目	配件及材料	数量或价格
1.动力电池系统	安全防护	检查视情处理	√			√		
	绝缘	检查视情处理	√			√		
	接插件状态	检查视情处理	√			√		
	标识	检查视情处理	√					
	螺栓紧固力矩	检查视情处理	√			√		
	动力电池加热功能检查	检查视情处理	√					
	外部检查	清洁处理	√			√		
	数据采集	分析视情处理	√					
2.电机系统	安全防护	检查视情处理	√			√		
	绝缘	检查视情处理	√			√		
	电机及控制器冷却检查	检查视情处理	√			√		
	外部检查	清洁处理	√			√		

续上表

系统类别	检查内容	处理方法	A级维护			B级维护		
			项目	配件及材料	数量或价格	项目	配件及材料	数量或价格
3.电器电控系统	机舱及各部位低压线束防护固定	检查视情处理	√			√		
	机舱及各部位接插件状态	检查视情处理	√			√		
	机舱及各部位高压线束防护固定	检查视情处理	√			√		
	机舱及底盘各高低压电器固定及接插件连接状态	检查视情处理并清洁	√			√		
	蓄电池	检查点亮状态,并视情处理	√			√		
	灯光、信号	检查视情处理	√			√		
	充电口及高压线	检查视情处理	√			√		
	高压绝缘监测系统	检查视情处理	√					
	故障诊断系统报警监测	检测、检查并视情处理	√					
4.制动系统	驻车制动	检查效能并视情处理	√			√		
	制动装置	泄漏检查	√			√		
	制动液	液位检查	√	更换制动液		√	检查视情况添加	
	制动真空泵、控制器	检查(漏气),并视情处理	√			√		
	前后制动摩擦副	检查视情况更换	√			√		

续上表

系统类别	检查内容	处理方法	A级维护			B级维护		
			项目	配件及材料	数量或价格	项目	配件及材料	数量或价格
5.转向系统	转向盘与转向管柱连接紧固状态	检查视情处理	√			√		
	转向机本体连接紧固状态	检查视情处理	√			√		
	转向横拉杆间隙及防尘套	检查视情处理	√			√		
	转向助力功能	检查视情处理	√			√		
6.车身系统	风窗玻璃刮水器	检查视情更换处理	√	添加风窗玻璃洗涤剂	材料收费	√	检查视情况添加	材料收费
	顶窗	检查视情处理	√			√		
	座椅及滑道	检查视情处理	√	加注润滑脂	润滑脂250g	√		
	门锁及铰链	检查视情处理	√			√		
	机舱铰链及锁扣	检查视情处理	√			√		
	行李舱门铰链及锁	检查视情处理	√			√		
7.传动及悬挂系统	变速器(减速器)	检查减速器连接、紧固及泄漏情况	√	更换减速器齿轮油		√	检查视情况添加	
	传动轴	检查球笼间隙及护罩,并视情况处理	√			√		
	轮辋	检查紧固,并视情处理	√			√		
	轮胎	检查胎压,并视情况处理	√			√		

系统类别	检查内容	处理方法	A 级维护			B 级维护		
			项目	配件及材料	数量或价格	项目	配件及材料	数量或价格
7.传动及悬挂系统	副车架及各悬置连接状态	检查紧固情况	√					
	前后减振器	检查泄漏情况并紧固,视情况更换	√					
8.冷却系统	冷却液液位及冰点	液位及冰点测试,视情况添加	√	更换冷却液	冷却液6L	√	检查视情况添加	
	冷却管路		√			√		
	水泵		√			√		
	散热水箱		√			√		
9.空调系统	空调冷暖风功能		√					
	压缩机及控制器		√					
	空调管路及连接固定		√			√		
	空调系统冷凝水排水口		√					
	空调滤芯		√	更换空调滤芯	滤芯收费(首次维护免费)	√	清洁	

(四)北汽 EV160/200 纯电动汽车维护作业

各车系纯电动汽车维护作业基本相同,下面以北汽 EV160/200 纯电动汽车为例,介绍纯电动汽车维护作业的具体操作方法。

1. 检查仪表和各警告指示灯

检查仪表板上各警示灯显示情况,北汽 EV160 仪表板如图 1-2 所示,警告指示灯名称见表 1-3。北汽纯电动汽车警告指示灯点亮条件和处理方式见表 1-4。

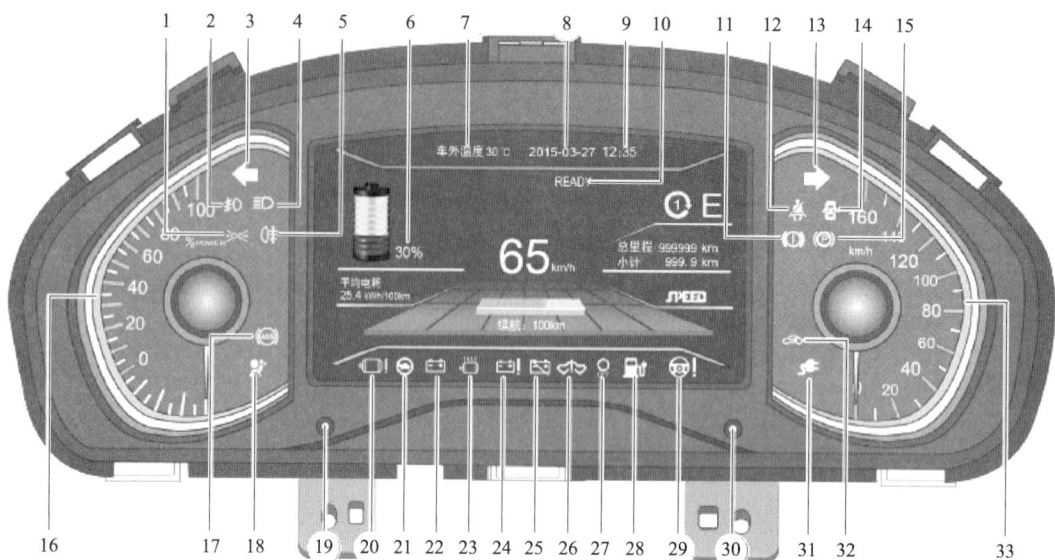

图1-2　北汽EV160仪表板

北汽EV160车型组合仪表和指示灯　　　　　　　　　　　　　　表1-3

序　号	名　　称	序　号	名　　称	序　号	名　　称
1	示廓灯	12	安全带未系指示灯	23	电机及控制器过热指示灯
2	前雾灯	13	右转向指示灯	24	动力电池故障指示灯
3	左转向指示灯	14	门开指示灯	25	动力电池断开指示灯
4	远光灯	15	驻车制动指示灯	26	系统故障灯
5	后雾灯	16	驱动电机功率表	27	制动能量回收关闭
6	剩余电量指示	17	ABS故障指示灯	28	充电提醒指示灯
7	车外温度指示	18	安全气囊指示灯	29	EPS系统故障指示灯
8	日期显示	19	按钮A	30	按钮B
9	时间显示	20	电机系统故障指示灯	31	充电线连接指示灯
10	READY指示灯	21	跛行指示灯	32	防盗指示灯
11	制动系统故障指示灯	22	蓄电池故障	33	车速表

北汽纯电动汽车警告指示灯点亮条件和处理方式　　　　　　　　表1-4

序号	名　　称	显示位置	符号	颜色	显示文字	点　亮　条　件	处　理　方　式
1	安全带未系	仪表盘		红色	请系安全带	当车辆处于ON状态,驾驶员安全带未系或者乘客安全带未系且乘客座有人或重物时	在驾驶员安全带未系时点亮;在配置副驾驶座椅传感器的车辆上若副驾驶座坐人或有重物,且安全带未系时报警

续上表

序号	名称	显示位置	符号	颜色	显示文字	点亮条件	处理方式
2	安全气囊	仪表盘		红色		当车辆处于 ON 状态，且安全气囊发生故障时	如果报警灯没有按照所述的方式显示及熄灭，或在行驶过程中报警灯显示，表示系统有故障。应当尽快送至授权服务商检查
3	车身防盗	仪表盘		红色		车身防盗开启后	
4	蓄电池报警灯	显示屏		红色	蓄电池故障	蓄电池电压高/低故障或 DCDC 故障	如果指示灯持续点亮，或在行驶过程中点亮，表示蓄电池充电系统发生故障，应立即安全停车并与授权服务商联系
5	门开报警	仪表盘		红色		驾驶座门/乘客门/行李舱任意门开时	
6	ABS	仪表盘		黄色		车辆 ABS 系统发生故障时	如果指示灯持续点亮，或在行驶过程中点亮，表示 ABS 系统发生故障，应立即安全停车并与授权服务商联系
7	前雾灯	仪表盘		绿色		前雾灯打开	
8	后雾灯	仪表盘		黄色		后雾灯打开	
9	前照灯远光	仪表盘		蓝色		远光灯打开	
10	左转向	仪表盘		绿色		左转向打开	
11	右转向	仪表盘		绿色		右转向打开	

续上表

序号	名 称	显示位置	符号	颜色	显示文字	点亮条件	处理方式
12	EBD	仪表盘		红色	EBD 故障	车辆 EBD 系统发生故障时	如果指示灯持续点亮,或在行驶过程中点亮,表示 EDB 系统发生故障,应立即安全停车并与授权服务商联系
	制动液位				请添加制动液	车辆制动液位低时	如果指示灯持续点亮,且有相应文字提示时,请尽快前往授权服务商处添加制动液
13	制动系统故障				制动系统故障	车辆制动系统发生故障时	如果指示灯持续点亮,或在行驶过程中点亮,表示 ABS 系统发生故障,应立即安全停车并与授权服务商联系
14	驻车制动	仪表盘		红色		驻车制动手柄拉起时	
15	充电提示灯	显示屏		黄色	请尽快进行充电	充电提醒:电量小于30%时指示灯点亮;在电量低于10%时,提示"请尽快充电"	如果指示灯点亮,表示动力蓄电池电量不足,有可能不能满足驾驶里程的需求,需要尽快进行充电
16	系统故障	显示屏		红色		仪表与整车失去通讯时,指示灯持续闪烁;车辆出现一级故障时,指示灯持续点亮	如果指示灯持续闪烁或点亮,表示车辆目前出现较为严重的故障,应立即安全停车并与授权服务商联系
				黄色		车辆出现二级故障时,指示灯持续点亮	如果指示灯持续点亮,表示车辆目前出现故障,应立即安全停车并与授权服务商联系

续上表

序号	名　称	显示位置	符号	颜色	显示文字	点亮条件	处理方式
17	充电提示灯	仪表盘		红色	请连接充电枪	车辆进入充电准备状态时,仪表文字表示"请连接充电枪";车辆充电枪连接后,该指示灯点亮	
18	READY 指示灯	显示屏	READY	绿色		车辆准备就绪时	
19	跛行指示灯	显示屏		红色	车辆进入跛行状态	车辆被限制车速时或被限制输出功率时	如果指示灯持续点亮,表示车辆目前出现故障,应立即安全停车并与授权服务商联系
20	EPS 故障	显示屏		黄色	EPS 系统故障	EPS 系统发生故障时	如果指示灯持续点亮,或在行驶过程中点亮,表示转向系统发生故障,应立即安全停车并与授权服务商联系
21	挡位故障	显示屏	N	—		挡位故障触发后,当前挡位持续闪烁	如果指示灯持续点亮,或在行驶过程中点亮,表示挡位系统发生故障,应立即安全停车并与授权服务商联系
22	电机冷却液温度过高	显示屏		红色	电机冷却液温度过高	当电机或电机控制器温度过高而引起冷却液温度过高时	如果指示灯持续点亮,或在行驶过程中点亮,表示电机冷却液温度过高,应立即安全驾车等待温度下降并与授权服务商联系

续上表

序号	名　　称	显示位置	符号	颜色	显示文字	点亮条件	处理方式
23	电机转速过高	文字提示区域	—	—	电机转速过高	当电机转速过高时	如果文字提示区域显示该文字,请尽量缓慢踩踏加速踏板,避免电机转速过高对车辆造成损坏,若持续显示此文字,应立即安全停车并与授权服务商联系
24	请尽快离开车内	文字提示区域	—	—	请尽快离开车内	当遇到电池严重故障时	请立即安全停车并离开车厢,然后与授权服务商联系
25	动力电池断开	显示屏		黄色		当车辆动力电池断开时	如果指示灯持续点亮,应立即与授权服务商联系
26	动力电池故障	显示屏		红色	动力电池故障	当车辆动力电池发生故障时	如果指示灯持续点亮,或在行驶过程中点亮,表示动力电池系统发生故障,应立即安全停车并与授权服务商联系
27	示廓灯	表盘		绿色		当示廓灯打开时	
28	绝缘故障	文字提示区域	—	—	绝缘故障	当车辆发生绝缘系统故障时	如果文字提示区域显示该报警文字,应立即安全停车并与授权服务商联系
29	驱动电机系统故障	文字提示区域	—	—	驱动电机系统故障	当车辆驱动电机系统发生故障时	如果文字提示区域显示该报警文字,应立即安全停车并与授权服务商联系
30	车身控制模块故障	文字提示区域	—	—	车身控制模块故障	当车辆车身控制模块发生故障时	如果文字提示区域显示该报警文字,应立即安全停车并与授权服务商联系

2.常规维护作业

常规维护作业包括检查轮胎胎压、型号与胎纹磨损;变速器与其他部位是否有油液泄漏;各油液液面;真空助力和踏板行程;影响道路行驶测试的安全是否良好,如制动、灯光与转向等;空调系统是否正常等。

1)冷却液检查与加注

冷却液液位应在 MAX 和 MIN 两条标记线之间,低于 MIN 标记线时应添加,如图 1-3 所示。

2)制动液检查与加注

制动液液面高度应到 MAX 标记线,如图 1-4 所示。制动液必须每两年或 4 万 km 完全更换一次,先到为准。北汽规定其制动液的规格为壳牌 DOT4。

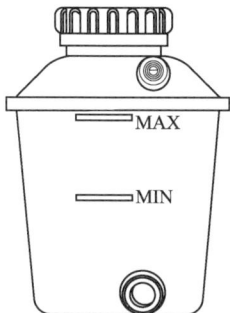

图 1-3　冷却液储液罐

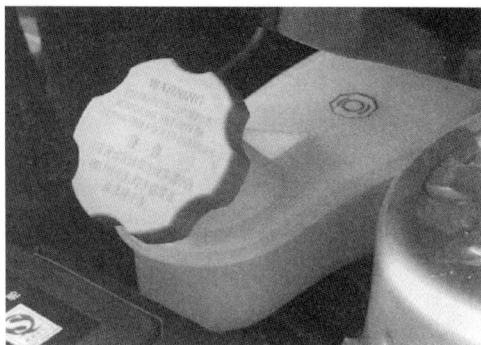

图 1-4　制动液储液罐

3)12V 蓄电池检查与维护

传统铅酸蓄电池为免维护蓄电池,蓄电池顶部有一个电量指示器,如图 1-5 的箭头所示,绿色表示电量充足,黑色表示电量不足需要充电,透明或浅黄色表示电量完全没有,已报废,需更换蓄电池。

4)风窗玻璃清洗剂加注

风窗玻璃清洗剂是水和品牌洗涤剂的混合液,加注量应小于 3.5L。

5)风窗玻璃刮水器刮片

检查风窗玻璃刮水器刮片是否老化龟裂,动作时是否有响声。

6)轮胎

目视检查胎压和测量检查轮胎胎压,检查轮胎是否磨损异常,检查轮胎磨损标记。原配的轮胎有磨损极限标记,沿圆周共有 6 个指示点。当胎面磨损到 1.6mm,标记将与花纹表面平齐或接近,在地面上留下连续的橡胶痕迹,贯穿整个轮胎宽度,如图 1-6 所示。此时应更换轮胎。

7)空调系统维护作业

(1)空调冷风系统

检查项目:空调制冷效果和控制功能。

检测方法:空调控制面板如图 1-7 所示。钥匙旋至 ON 挡,按下 AC 按钮,整车 VCU 接收到 AC 请求信号,点亮开关上的工作状态指示灯,并根据 VCU 内部程序控制制冷系统工作。

检查空调制冷效果,包括出风口温度和风量;检查空调压缩机工作状态及有无异响,判断压缩机工作声音是否正常,可用听诊器直接放在压缩机上测听;检查风量调节和风向控制装置的功能。

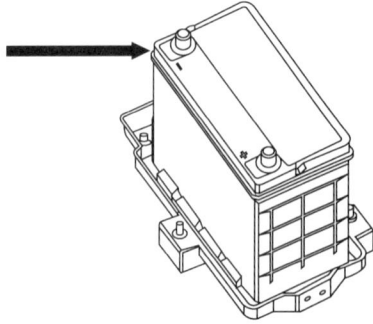

图 1-5　蓄电池

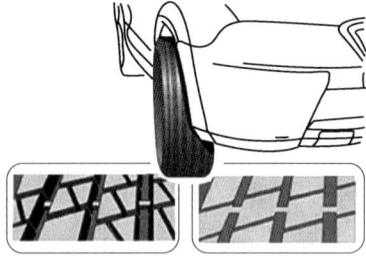

图 1-6　轮胎磨损标记

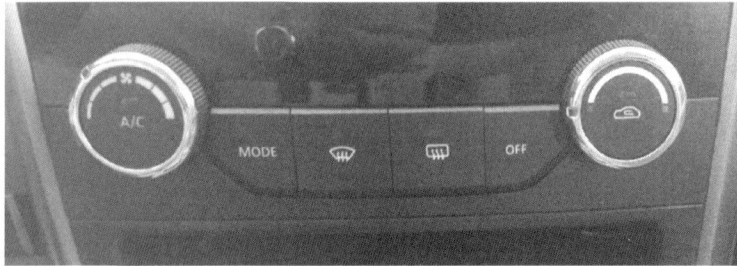

图 1-7　北汽 EV160 空调控制面板

(2)暖风系统

检查项目:检查制热功能和调节功能,暖风功能打开后工作几分钟后检查吹出的风有无焦煳味。

检查方法:打开风机并调节温度 + 或温度 - ,使显示屏温度条显示 Hi 方向位置(左方四个格范围内),制热功能起动,空气通过加热器从仪表板通风口输出,检查制热功能和调节功能,检查暖风功能打开后工作几分钟后吹出的风是否有无焦煳味。

8)减速器的维护作业

(1)减速器维护周期

减速器的功能是将驱动电机的转速降低、转矩升高,以实现整车对驱动电机的转矩、转速需求。北汽 EV160 减速器如图 1-8 所示,维护周期见表 1-5。

减速器维护周期　　　　　　　　　　　　　　　　　　　　　　　　表 1-5

行驶里程(万 km)	1	2	3	4	5	6	7	8
月数	6	12	18	24	30	36	42	48
方法	B	H	B	H	B	H	B	H

注:1.维护周期以里程数或月数判断,以先达到为准。上表以 8 万 km 以内的定期维护,超过以此类推。

2.表中的"B"表示在维护作业中必要时更换润滑油,"H"表示必须更换润滑油。

3.提升车辆时,应同时检查减速器是否漏油。

4.北汽规定润滑油的规格为 GLO - 475W - 90 合成油,油量 0.9 ~ 1.1L。

（2）检查与更换润滑油（图 1-8）

①确认车辆处于水平状态下检查油位；

②检查减速器是否有漏油痕迹，如有，应分析原因并修理；

③拆下油位螺栓，检查油位，润滑油应与油位螺栓孔齐平，否则应补加润滑油。

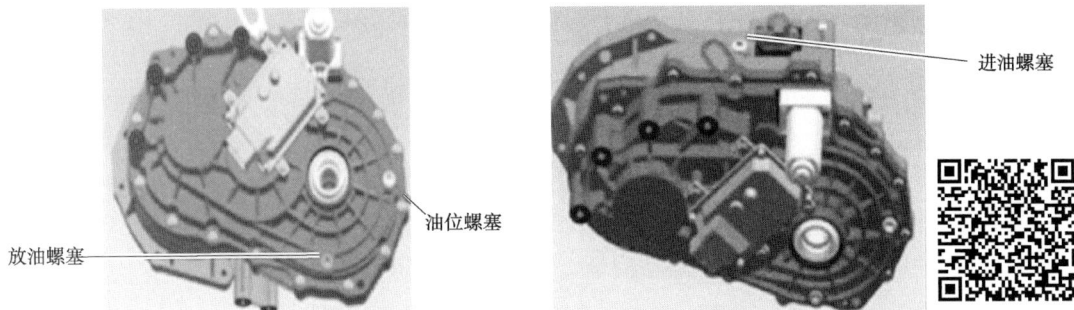

图 1-8　减速器的 3 个油孔

（3）润滑油更换方法

①换油前，必须停车断电（关闭起动开关），举升机水平提升车辆；

②检查油位和是否漏油，如有漏油应修复；

③拆下放油螺栓，排放废油；

④放油螺栓涂布少量密封胶，按规定力矩 14～18N·m 拧紧；

⑤拆下油位螺栓、进油螺栓；

⑥用规定型号润滑油加注，按规定油量加注到油位空孔；

⑦油位螺栓、进油螺栓涂布少量密封胶，按规定力矩 14～18N·m 拧紧。

9）底盘系统其他维护作业

（1）目测等速万向节防护套有无泄漏或损坏。目测时必须注意检查汽车的车厢底板、轮罩和边梁，检查所有的导线是否固定在支架中，所有塞子都处于规定位置，并且底板未受到任何破坏。

（2）检查驱动电机及变速器悬置软垫固定螺栓力矩。支架与车身悬置连接力矩 65N·m ± 5N·m。变速器悬置连接力矩：螺母（2 个），95～105 N·m；螺栓（1 个），85～90 N·m。

（3）检查底盘处高压线束的外观和连接状况。检查底盘处高压线缆保护套是否进水、老化或破损。

3. 系统检查

使用北汽 BDS 测试仪检测各系统是否工作正常，有无故障码，显示数据流是否正常，是否有需要更新升级系统软件等。

将北汽 BDS 诊断仪插到诊断接口上，如图 1-9 所示。将汽车钥匙置于 ON 挡，接通车辆诊断测试仪，进入汽车智能诊断系统，该系统功能包括读 ECU 信息，分析故障码，读取数据流，元件执行，电脑执行编程、匹配、设定和防盗等功能。

4. 车载充电系统检查（220V 交流慢充）

1）车载充电系统检查

检查项目：车载充电系统工作状态。

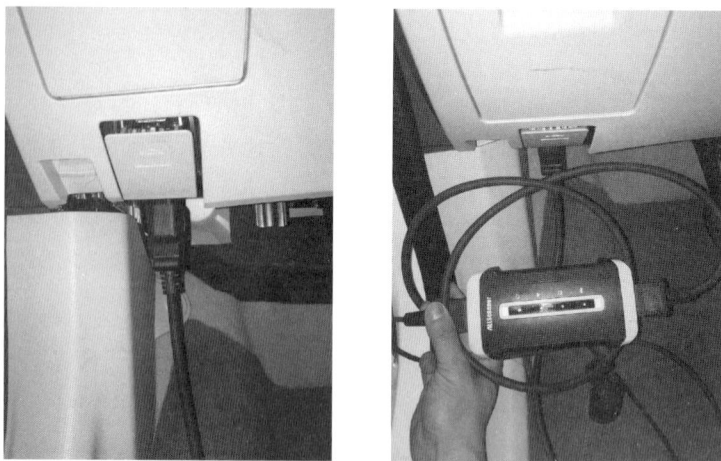

a)诊断座位置　　　　　　　　　b)连接诊断仪

图 1-9　连接北汽 BDS 测试仪

检查方法:对车辆进行充电,查看指示灯是否正常。

注意事项:充电正常时,安装在外墙上的充电盒上的电源(Power)灯和充电(Charging)灯点亮。如果起动半分钟后仍只有电源(Power)灯亮时,可能电池无充电要求或已充满。当故障(Fault)灯点亮时,说明充电系统有故障。当所有充电灯都不亮时,检查充电桩及充电线束及接插件。安装在外墙上的充电盒如图 1-10 所示。

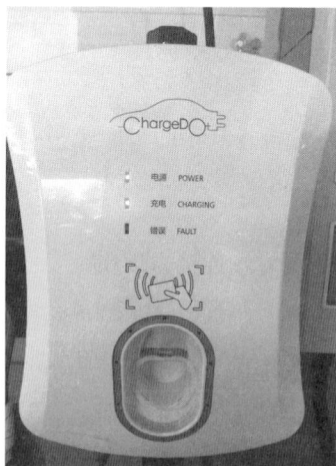

图 1-10　安装在外墙上的充电盒

2)充电线检查

检测项目:检查充电星和充电线插头。

检查方法:检查充电线外观及其插头状态,充电线有无破损、裂痕,充电过程中充电线会产生热量,如有破损应立即更换。检查充电线插头是否良好。定期使用绝缘仪检查充电线和插头的绝缘性能。

3)充电口盖开关状态

检测项目:充电口盖开关状态。

检查方法:检查充电口盖能否正常开启和关闭,如图 1-11 所示。

5. DC/DC 功能检查

检查项目:DC/DC 输出电压检查。

检查方法:

(1)将车钥匙置于 OFF 挡,断开所有用电器并拔出钥匙;

(2)按压低压蓄电池锁压件,打开盖板并裸露出低压蓄电池正极;

(3)用万用表直流电压挡位测量低压蓄电池的电压(并记录);

(4)将车钥匙置于 ON 挡;

(5)用万用表直流电压挡位测量低压蓄电池的电压(并记录),这时所测的电压值是 DC/DC 输出的电压。

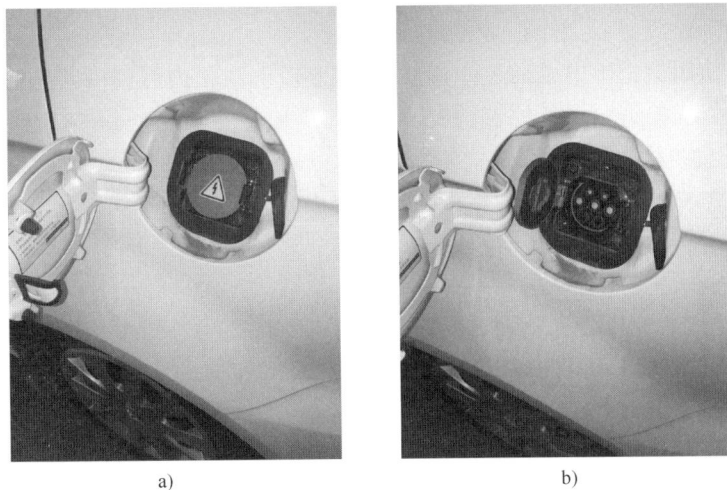

a)　　　　　　　　　　　b)

图 1-11　充电盖开关状态

检测结果分析:关闭车上的用电设备情况下,北汽 EV160/200 车的 DC/DC 正常输出电压为 13.2~13.5V(或 13.5~14V)。如电压值低于规定值,故障原因可能是车上用电设备未关闭,或万用表有误差,或 DC/DC 故障。

6. 动力电池系统维护作业

动力电池的维护作业是为了保证其性能的可靠性而进行的工作,通常分为日常的常规维护和周期性的强制维护。

1)动力电池的常规维护作业项目

动力电池的常规维护作业项目不需要拆卸动力电池,也不需要开盖检查。

(1)将车辆举升目测动力电池底部有无磕碰、划伤、损坏的现象,电池标识是否脱落;

(2)目测密封条及进排气孔,进行电池箱体的密封检查;

(3)目测动力电池高低压插接件是否变形、松脱、过热、损坏的情况;

(4)定期对动力电池满充、满放一次,之后使用专用检测仪对动力单体电池一致性进行测试;

(5)使用专用检测仪器对动力电池 BMS、绝缘电阻进行测试。

2)动力电池系统周期性强制维护项目

动力电池系统周期性强制维护项目需要拆卸动力电池,必要时需要开盖检查。

(1)绝缘检查(内部)。

检查目的:防止电池箱内部短路。

检查方法:将电池箱内部高压盒插头打开,用绝缘测试仪测试总正、总负对地,阻值 ≥ 500Ω/V。

(2)模组连接件检查。

检查目的:防止螺栓松动,造成故障。

检查方法:用绝缘扭力扳手紧固(标准力矩为 35N·m),检查完成后,做好极柱绝缘。

(3)电池箱内部温度采集点检查。

检查目的:确保测温点工作正常,采集点合理。

检查方法:使用笔记本电脑通过专用 CAN 卡监控电池箱内部温度与用红外热像仪所测试的温度进行对比,检查温度传感器精度。

(4)电压采集线检查。

检查目的:防止电压采集破损,导致测试数据不准。

检查方法:将从板接插件打开安装 1 次,通过观察数据变化,进行确认。

(5)标识检查(内部)。

检查目的:防止内部各组件标识脱落。

检查方法:目测内部各组件标识是否脱落。

(6)熔断器检查。

检查目的:检查熔断器状态是否良好,事故时可正常工作。

检查方法:用专用万用表电阻挡测量电阻值。

(7)继电器测试。

检查目的:防止继电器损坏,车辆无法正常上高压。

检查方法:用笔记本电脑上的专用监控软件起动关闭总正、总负继电器,并用专用万用表进行测试。

(8)高低压接插件可靠性检查。

检查目的:确保接插件正常使用。

检查方法:目测高低压接插件是否松动、破损、腐蚀以及密封情况等,并通过专用万用表测量连接可靠性,用绝缘测试仪进行绝缘测试。

(9)其他电池箱内零部件检查。

检查目的:保证辅助性的部件正常使用。

检查方法:用绝缘螺丝刀和绝缘扭力扳手检查各紧固件是否有松动、破损、脱落等情况。

(10)电池组安装点检查。

检查目的:防止电池包脱落。

检查方法:目测检查每个安装点焊接处是否有裂纹。

(11)电池组外观检查。

检查目的:确保电池组未受到外界因素影响。

检查方法:目测电池组无变形、无裂痕、无腐蚀、无凹痕。

(12)保温检查。

检查目的:确保冬季电池组内部温度。

检查方法:目测检查电池组内部边缘保温棉是否脱落、损坏。

(13)电池组高低压线缆安全检查。

检查目的:确保电池组内部线缆不破损、漏电。

检查方法:目测电池组内部线缆是否破损、挤压。

(14)电芯防爆膜、外观检查。

检查目的:防止电芯损坏、漏电。

检查方法:目测可见电芯防爆膜、电芯外观绝缘是否破损。

(15)CAN 电阻检查。

检查目的:确保通信质量。

检查方法:下电情况,用专用万用表欧姆挡测量 CAN1(3)高对 CAN1(3)低电阻。

(16)电池箱内部干燥性检查。

检查目的:确保电池箱内部无水渍。

检查方法:打开电池组,目测观察电池箱内部是否有积水,并用绝缘测试仪测量电池组绝缘性能。

(17)电池加热系统测试。

检查目的:确保加热系统工作正常,避免冬季影响充电。

检查方法:电池箱通 12V,打开监控软件,起动加热系统,目测风扇是否正常工作或者加热膜片是否工作正常。

(18)对各高、低压插接头及部件进行除湿、润滑、绝缘处理。

检查目的:保证高、低电路连接的可靠性。

检查方法:用 WD40 对插接头及部件进行处理。

(19)最后进行电池箱重新密封,并进行密封检查。

检查目的:保证电池箱密封良好,防止水进入。

检查方法:目测密封条密封性能或更换密封条。

注意事项:首先,以上是对一款自然风冷型的动力电池所进行的周期性强制维护项目,对于强制风冷或液冷的动力电池系统,以及内置高压控制盒类型的动力电池与此不完全相同。

其次,在进行维护时一定要严格按新能源汽车高压安全与防护要求进行相应操作,否则可能造成人身伤害事故。

7.电机的维护作业

(1)检查驱动电机及其控制器安装是否牢靠,紧固螺栓是否松动。

(2)断开动力电源检查驱动电机及其控制器线束及插件是否松动、老化等现象。

(3)检查电机本体及控制器水冷管道是否通畅,及时清理冷却水道的堵塞现象。

(4)断开动力电源,对电机本体及控制器表面进行清洁处理。

(5)电机轴承无须加注润滑脂,但需要检查电机轴承看是否有油脂漏出。

(6)检查电机温度传感器和速度传感器连接是否正常,接插件不要虚接。

(7)检查温度传感器在 25℃左右的电阻值,此款车的阻值为 590 ~ 610Ω。

(8)检查驱动电机与减速器轴花键状态,如花键表面油脂有流失,需及时补充。该操作可以 1 万 ~ 2 万 km 做一次。

8.贴签

北汽规定在每次维护工作后应贴上"维护温馨提示贴"标签。维护贴包括:本次维护日期/行程、下次维护日期/行程、4S 服务电话和 400 服务电话。标签贴贴在驾驶员侧的仪表台上,如图 1-12 所示。

9.维护周期指示器的复位

维护工作结束后应将维护周期指示器复位,如图 1-13 所示,提示驾驶员进行下一次维护的时间。

维护周期指示器复位步骤：

（1）在钥匙置于 OFF 挡的情况下按下按键"1"；

（2）将钥匙置于 ON 挡；

（3）连续按下按键"2"直至组合仪表上显示出维护周期、里程数停止；

（4）按下按键"2"保持 5s，维护周期指示器复位结束。

图 1-12　"维护温馨提示贴"标签粘贴位置

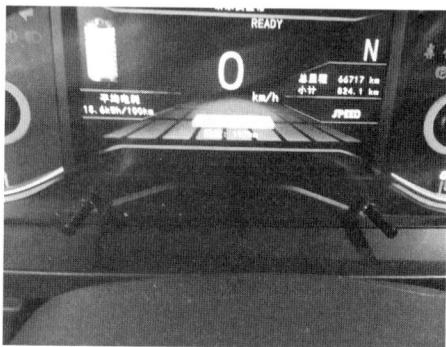

图 1-13　维护周期指示器复位

二、混合动力汽车维护作业

（一）混合动力汽车维护作业项目

混合动力汽车和传统内燃发动机汽车在驱动方式上有结构差异，串联式、并联式和混联式混合动力汽车结构组成不同，驱动形式不同，在底盘系统和电气系统结构上也有一定的差异，所以混合动力汽车和传统内燃发动机汽车的维护作业有一定的差异。下面以插电并联式混合动力汽车为例，介绍混合动力汽车的维护作业。

1. 混合动力汽车和传统汽车维护作业的差异

（1）混合动力汽车与传统汽车的驱动动力源是有差异的，混合动力汽车保留传统的内燃发动机，增加了一套独立的电力驱动系统，包括动力电池、驱动电机和控制系统，所以混合动力汽车动力系统维护作业项目包括传统发动机维护项目，以及增加了电机驱动和控制系统的维护项目。

（2）混合动力汽车电力驱动系统的维护项目主要是对动力电池组和驱动电机进行检查养护，包括电动机外部清洁，目检动力电池管理器（BMS）、电机控制器、逆变器、高压线束和接插件等；电机驱动和控制系统的维护项目主要用目测和诊断仪检查。所以，与传统汽车相比，混合动力汽车的动力系统的维护作业工作量增加不多。

（3）由于并联式和混联式混合动力汽车都既可以采用发动机驱动形式，也可以采用纯电动驱动形式，还可以混合两种动力驱动行驶，关键是增加了一个传动控制部件，以比亚迪·秦插电并联式混合动力汽车为例，比亚迪·秦使用的6DT35变速器内安装永磁同步电动机，以及湿式双离合器，拥有两组自动控制的离合器，分别相连两根输入轴。利用变速器油进行冷却和润滑。变速器箱体采取强制润滑，变速器油经冷却过滤后，通过润滑系统喷嘴，强制润滑挡位齿轮，整个变速器箱体使用同一种液压油，挡位切换时来自电液模块的油压直接推动活塞，活塞推动换挡拨叉换挡。由此可见，混合动力汽车的维护作业需增加传动控制部件（DTC）的维护项目。

（4）由于混合动力汽车可使用纯电模式行驶，所以混合动力汽车更换机油等维护项目的周期相应延长。

（5）在电气系统方面的维护作业项目，既有与传统汽车相同的电器维护作业项目，还增加了电池、电器与控制部分的维护作业项目。

2.混合动力汽车维护作业特点

（1）目前，国产比亚迪、荣威等混合动力汽车的维护作业单上，大部分还是传统发动机、底盘和电器的维护作业项目，有关"三电"的维护项目很少，如图1-14和图1-15所示。从图1-15看比亚迪混合动力汽车的维护作业项目仅增加了VDS扫描和模式转换检查，由此可见，混合动力汽车维护与传统汽车相比，增加的维护项目不多。由于更换机油周期延长，所以定期维护工作量有所减少。

（2）混合动力汽车的高压达到300～600V，甚至更高，所以与纯电动汽车相同，维护作业前需做好高压安全防护工作，维护时严格执行高压安全操作规范。

（3）与纯电动汽车相同，对高压系统的维护检查主要使用目检和仪器检查。目检检查高压线束和部件外部是否有损坏。

（4）对"二电"系统主要使用诊断仪检查，检查各系统有无故障码，数据有无异常，是否有系统软件需要升级的提示。

（5）与纯电动汽车相同，当高压导线和高压部件外部有破损，或诊断仪读出高压系统有绝缘故障，或绝缘性能方面的数据用红色显示时，必须使用绝缘仪检查相关高压部件和导线的绝缘性能。

（6）混合动力汽车增加的维护工作项目是变速器油的排放、加注及油位检查，以及对电机冷却系统的检查。

（二）混合动力汽车维护周期及项目

混合动力汽车的维护周期及项目由生产厂商制定，车主必须仔细阅读用户使用手册，严格按照规定的维护周期到汽车维修厂进行定期维护，维修技术人员必须严格按照维护项目及技术要求进行维护。

比亚迪·秦维护周期及内容见表1-6，计划维护的间隔可按里程表的里程数或时间间隔而定，以先到者为准。在维护时应使用比亚迪汽车原厂零部件、油液或者同等级替代品。

比亚迪汽车_____服务店车辆环检问诊单

版本号:A/2

是否预约 是□ 否□　　车牌号_____　　接车时间：　年 月 日 时 分

基本信息	车主□ 送修人□	姓名		车型		购车日期	
		电话		备用电话		总里程	
		VIN 码				EV 里程	

| 顾客描述 | 保　养:□首次维护　□强制维护　□一般维护　□常规维护
发动机:□难起动　□怠速不稳　□动力不足　□油耗高　□易熄火　□抖动
　　　　□加速不良
异　响:□发动机　□底盘　□行驶　□变速器　□制动　□仪表台　□座椅车门
灯　亮:□发动机故障灯　□SVS 灯　□ABS 灯　□空气囊灯　□机油压力报警灯
　　　　□胎压报警灯　□EPS 灯/REPS 灯　□ESP 灯　□充电系统灯　□动力系统故障灯
　　　　□电机故障灯　□主警告指示灯　□动力电池故障灯　□发动机冷却液报警灯　□电机冷却
　　　　液报警灯
空　调:□不制冷　□异响　□有异味　□出风冷热不均
漏　水:□冷却液　□车身　□天窗　□前挡风　□后挡风
漏　油:□发动机　□变速器　□制动　□转向
事　故:□保险事故整形油漆　□局部整形补漆
具体描述(5W2H)： |

| 物品确认
(有打"√",
无打"×") | □备胎　□随车工具　□火火器　□点烟器　□警示牌　□充电线
□其他_____ |  油量

电量

____% |

| 环车检查 | 内饰检查□　　　　外观检查□ 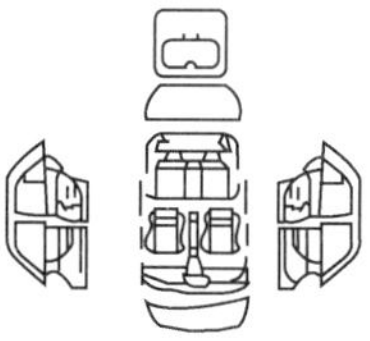 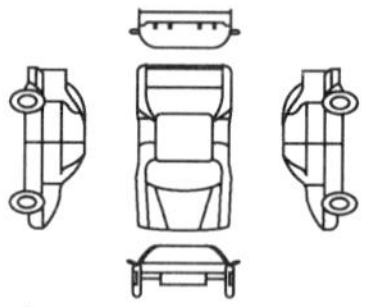

检查结果:良好√　　异常× | |

| 服务顾问
提醒 | 1. 维修旧件(非索赔件)处理:□顾客要求带走　　□顾客选择不带走
2. 维修后洗车：　　　　　□洗车　　　　□不洗车
3. 维修后充电：　　　　　□充电　　　　□不充电　　　□预估充电用时_____
4. 已提醒您将车内贵重物品带离车辆并妥善保管。　　　□已确认 | |
| | 服务顾问 | 顾客签字 | |

| 服务/技术
顾问初步
诊断 | | | | 签名： |

维修班组 诊断结果	维修项目	所需备件	备件确认	索赔确认
			□有　□无	□是　□否
			□有　□无	□是　□否
			□有　□无	□是　□否

图 1-14　比亚迪车辆环检问诊单

第一联 ↓ 车间 前台 顾客管理中心 第二联 ↓ 顾客

<table>
<tr><td colspan="4" align="center">比亚迪汽车健诊报告单</td></tr>
<tr><td>顾客
姓名</td><td></td><td>车牌</td><td>车型</td></tr>
</table>

健诊项目		健诊结果	参考值
VDS 程序扫描		□无程序更新　□有程序更新 □车辆无故障　□车辆有故障	
模式 转换	EV、HEV	□转换正常　□不能转换	此项只针对新能源车型； 混合动力车型全检； 纯电动车型只检查 EV （ECO、SPORT）
	EV（ECO、SPORT）	□转换正常　□不能转换	
	HEV（ECO、SPORT）	□转换正常　□不能转换	
车辆灯光检测		□正常　□建议更换灯泡　□建议更换总成 （　　）灯故障	检查范围：远光灯、近光灯、雾灯、示宽灯、转向灯、刹车灯、倒车灯、昼行灯
冷却液液位检查		□正常　□缺少　□已添加　□建议更换	处于 MAX 标记和 MIN 标记之间
转向助力泵 油液液位检查		□正常　□缺少　□已添加　□建议更换	处于 MAX 标记和 MIN 标记之间（电动助力转向车型不检查此项）
制动液 检测	油壶液位	□正常　□缺少　□已添加	处于 MAX 标记和 MIN 标记之间
	油质颜色	□正常　□建议更换	1.制动液颜色为浅黄色，若制动液颜色发生变化，建议更换 2.使用超过 2 年或 4 万 km 建议更换
发动机皮带 及附件检查		□正常　□皮带松旷，已调整 □皮带老化/开裂/严重磨损，建议更换	
空调滤芯		□正常　□已清洁　□建议更换	
胎压 检测	前	左（　　）kPa 右（　　）kPa　□正常 □轮胎气压偏高/偏低	F3/新 F3/F3R/L3/G3/G3R/S6：200～220kPa F0/速锐/G5：210～230kPa 思锐/S7：220～240kPa F6/G6：230～250kPa M6/秦/e6/唐：240～260kPa 宋：R18：220～240kPa R17：210～230kPa
	后	左（　　）kPa 右（　　）kPa　□正常 □轮胎气压偏高/偏低	单位换算：1psi＝6.895kPa； 1bar＝100kPa； 1MPa＝1000kPa； $1kg/cm^2＝100kPa$

图　1-15

胎压检测	备用轮胎	( )kPa	□正常 □轮胎气压偏高/偏低	F3/新 F3/F3R/L3/G3/G3R/S6:200~220kPa F0/速锐/思锐/G5:210~230kPa F6/G6/S7:220kPa~240kPa M6:240~260kPa 秦/e6/唐:420kPa±10kPa 宋:210~230kPa 单位换算:1psi=6.895kPa; 1bar=100kPa; 1MPa=1000kPa; 1kg/cm² =100kPa	第一联 服务店留存
胎纹深度检测	前	□正常 过度磨损:□轮胎换位 □建议更换(测量值: mm)		F3/新F3/F3R/L3/G3/G3R/F6/G6/M6/S6/速锐/G5/思锐/F0/秦/e6/S7/唐/宋:大于1.6mm	
	后	□正常 过度磨损:□轮胎换位 □建议更新(测量值: mm)			
	备用轮胎	□正常 过度磨损:□轮胎换位 □建议更换(测量值: mm)			第二联 顾客留存
摩擦块厚度检测	前	□正常 过度磨损:□建议更换 (测量值:左____ mm,右____ mm)		F3/新 F3/F3R/L3/G3/G3R/F0/F6/G6/M6/S6/速锐/G5/思锐/秦/e6/宋:大于2mm	
	后	□正常 过度磨损:□建议更换 (测量值:左____ mm,右____ mm)		F3/新 F3/F3R/L3/G3/G3R/F6/G6/M6/S6/速锐/G5/思锐/秦/e6/S7/唐/宋:大于2mm F0:大于1mm	
车轮螺母力矩		□螺母力矩正常 □螺母力矩已紧固		F3/新 F3/F3R/L3/G3/G3R/速锐/G5/F6/G6/思锐/e6:110 N·m M6/S6/秦/S7/唐:120N·m F0:103N·m 宋:108N·m	
底盘检查		□无油液泄漏 □无磕碰损伤 □底盘螺栓已紧固		底盘螺栓力矩以技术资料参数为准	
		高低压电源线路:□无磕碰损伤 □存在磕碰损伤		此项只针对秦车型	
建议关注项目(目前不须更换,但是存在一定程度的老化、磨损等情况):					
维修技师:		检查日期: 年 月 日 时 分			

图 1-15 比亚迪汽车健诊报告单

比亚迪·秦维护周期及内容　　　　　　　　　　　　　　　　表 1-6

维护时间间隔　　维护项目		HEV 里程数或月数，以先到者为准											
	×1000km	3.5	11	18.5	26	33.5	41	48.5	56	63.5	71	78.5	86
	月数	6（首保）		30		54		78		102		126	
发动机及变速器													
1. 检查多楔皮带有无裂纹，飞屑、磨损状况并调整张紧度		I		I		I		I		R		I	
2. 检查点火电缆有无损伤		I		I		I		I				I	
3. 检查更换火花塞	一般使用条件	首次 18500km 更换，之后每隔 22500km 更换一次											
	严酷使用条件	检查视情况提前更换											
4. 检查曲轴箱通风系统（PVC 阀和通风软管）		I	I	I	I	I	I	I	I	I	I	I	I
5. 检查冷却水管有无损伤，管路连接部分是否锁紧		I	I	I	I	I	I	I	I	I	I	I	I
6. 检查副水箱内发动机冷却液液面高度		I		I		I		I				I	
7. 加注汽油清净剂		定期维护时加注											
8. 更换发动机冷却液		首次 30 个月更换一次，之后每隔 36 个月更换一次											
9. 更换空气滤清器滤芯	一般使用条件	首次 18500km 更换，之后每隔 22500km 更换一次，定期维护时清洁											
	严酷使用条件	检查视情况提前更换											
10. 更换机油空气滤清器滤芯	一般使用条件	R	R	R	R	R	R	R	R	R	R	R	R
	严酷使用条件	R：每隔 5000km											

维护项目 \ 维护时间间隔	×1000km	3.5	11	18.5	26	33.5	41	48.5	56	63.5	71	78.5	86
	月数	6（首保）		30		54		78		102		126	
11. 更换机油滤清器		每次更换机油时更换											
12. 检查发动机怠速		I		I		I		I		I		I	
13. 检查排气管接头是否漏气		I		I		I		I		I		I	
14. 检查氧传感器		I		I		I		I		I		I	
15. 检查三元催化器		I		I		I		I		I		I	
16. 更换燃油滤清器				R		R		R		R		R	
17. 检查燃油箱盖、燃油管和接头		I		I		I		I		I		I	
18. 检查活性炭罐		I		I		I		I		I		I	
19. 更换驱动电机冷却液		每2年或4万km更换一次											
20. 检查更换自动变速器内的齿轮油（包括主变速器和减速器）｜一般使用条件		首次56000km,之后每60000km,必要时更换											
20. 检查更换自动变速器内的齿轮油（包括主变速器和减速器）｜严酷使用条件		R:视需要缩短周期											
底盘和车身													
21. 检查前舱盖锁及其紧固件		每年											
22. 检查紧固底盘固定螺栓		I	I	I	I	I	I	I	I	I	I	I	I
23. 检查制动踏板和电子驻车开关		I		I		I		I		I		I	
24. 检查制动摩擦块和制动盘		I	I	I	I	I	I	I	I	I	I	I	I
25. 更换制动液		首次18个月更换,之后每24个月更换,例行维护时检查											
26. 检查制动系统管路和软管		I		I		I		I		I		I	
27. 检查转向盘、拉杆		I		I		I		I		I		I	
28. 检查传动轴防尘罩		I		I		I		I		I		I	
29. 检查球销和防尘罩		I		I		I		I		I		I	
30. 检查轮胎和充气压力（含TPMS）		I	I	I	I	I	I	I	I	I	I	I	I

续上表

维护项目 ＼ 维护时间间隔		3.5	11	18.5	26	33.5	41	48.5	56	63.5	71	78.5	86
	×1000km												
	月数	6（首保）		30		54		78		102		126	
31.检查前轮定位、后轮定位		I		I		I		I		I		I	
32.检查车轮轴承有无游隙		I		I		I		I		I		I	
33.检测冷气或暖气系统		I		I		I		I		I		I	
34.检查空调空气过滤器		I	I	I	I	I		I	I	I	I	I	I
35.检查空调装置的制冷剂		I		I		I		I		I		I	
36.检查空气囊系统		I		I		I		I		I		I	
37.检查车身损坏情况		每年											

注意事项：（1）表1-6中符号含义：I表示必要时进行检查、修正或更换；R表示更换、改变或润滑；C表示清洗。

（2）表1-6中维护周期为自购买日起开始计算。

（3）为了让车辆达到最佳的使用状态，请按照以下模式正确操作车辆：

①首次维护前，在ECO（经济）模式下磨合，HEV（混合）模式使用比例应不低于50%；

②首次维护后，HEV（混合）模式使用比例应不低于10%。

（4）可根据汽油机机油的脏污程度缩短机油滤清器的更换时间。

（5）恶劣使用条件是指：

①汽车经常在多尘的地区行驶或经常暴露在含盐分的空气中；

②经常在颠簸的路面、有积水的路面或山路上行驶；

③经常在寒冷地区行驶；

④发动机经常长时间怠速运转或经常在寒冷季节中短距离行驶；

⑤频繁地使用制动器、经常急制动；

⑥经常作为牵引拖车；

⑦作为出租汽车或营运车使用；

⑧在32℃以上的温度下，在交通拥挤的市区行驶时间超过总行驶时间的50%；

⑨在30℃以上的温度下，以120km/h以上的车速行驶时间超过总行驶时间的50%；

⑩经常超载行驶。

（6）规定的维护记录。

比亚迪汽车授权服务店将全部所规定的维护记录填写在表中，应保存好对车辆进行的维护工作的所有收据。

（三）混合动力汽车的日常维护

加强日常维护，有利于节约燃油、延长车辆使用寿命、确保行驶安全。

日常维护也称自行维护，按照《汽车维护、检测、诊断技术规范》（GB/T 18344—2016）的规定进行，日常维护项目是以清洁、补给和安全检视为作业内容，由驾驶员负责执行的车辆维护作业。

GB/T 18344—2016 的规定虽然针对内燃机车辆制定,但也基本适合新能源汽车的基本维护作业项目,日常维护主要内容包括对汽车外观、发动机外表进行清洁,保持车容整洁;对汽车各部润滑油(脂)、燃油、冷却液、各种工作介质、轮胎气压进行检视补给;对汽车制动、转向、传动、悬挂、灯光、信号等安全部位和位置以及发动机运转状况进行检视、校紧,确保行车安全。出车前和收车后,插电式混合动力汽车还应该检查动力蓄电池组剩余电量,不足时应及时进行充电。

以比亚迪·秦为例,使用手册规定自行(日常)维护作业应依照使用情况或规定的里程,检查下列项目:

1)常规检查项目

(1)发动机机油油位:应在每次加油时检查。

(2)发动机冷却液位:应在每次加油时检查散热器副水箱。

(3)风窗玻璃洗涤液:应每月检查一次储液罐中洗涤液的存量,因天气不好而频繁使用洗涤液时,应在每次加油时检查。

(4)风窗玻璃刮水器:每月检查一次雨刮器状况。如果风窗刮水器不能刮净风窗玻璃,应检查其是否有磨损、龟裂或其他损伤。

(5)制动液液位:每月检查一次液位。

(6)制动踏板:检查制动踏板是否操作自如。

(7)电子驻车开关:检查开关是否功能完好。

(8)起动电池:每月检查一次电池的状况以及端子的腐蚀状况。

(9)空调系统:每周应检查空调装置的运转情况。

(10)轮胎:每月检查一次轮胎胎压、胎面的磨损状况及是否嵌有异物。

(11)风窗玻璃除霜装置:每月都应在使用暖风装置和空调时,检查除霜装置出风口。

(12)车灯:每月检查一次前照灯、示宽灯、尾灯、高位制动灯、转向信号灯、前雾灯、后雾灯、制动灯及牌照灯的状况。

(13)车门:检查行李舱盖及其他所有的车门(包括后排车门)是否开关自如、上锁牢固。

(14)喇叭:检查喇叭是否正常。

当发动机运行有异常,电机有卡滞现象及异常响声、电机运转有过大振动、电机无法起动,电动力总成有漏油现象或异味排除,应及时到维修厂进行维修。

2)检查汽车仪表和警告灯

比亚迪·秦的仪表盘如图 1-16 所示。比亚迪·秦的组合仪表指示灯含义见表 1-7。检查混合动力汽车的仪表和警告指示灯是否正常。

3)动力电池的维护

每个月至少使用车辆一次并对车辆进行均衡充电,充电 8h,以保证高压电池包寿命。在明确长时间不使用(超过 3 个月)时,确保高压电池包电量在 50% 左右进行存放;不允许车辆在高压电池包电量为 10%(仪表电量显示为零)的情况下停放超过 7 天。荣威 e550 混合动力车的电池管理系统会监控高压电池包状态。当监测到一段期间内,高压电池包没有进行过均衡充电记录时,信息中心会出现"请充电保持高压电池均衡"的警告信息。此时,用户

必须对其进行充电作业。

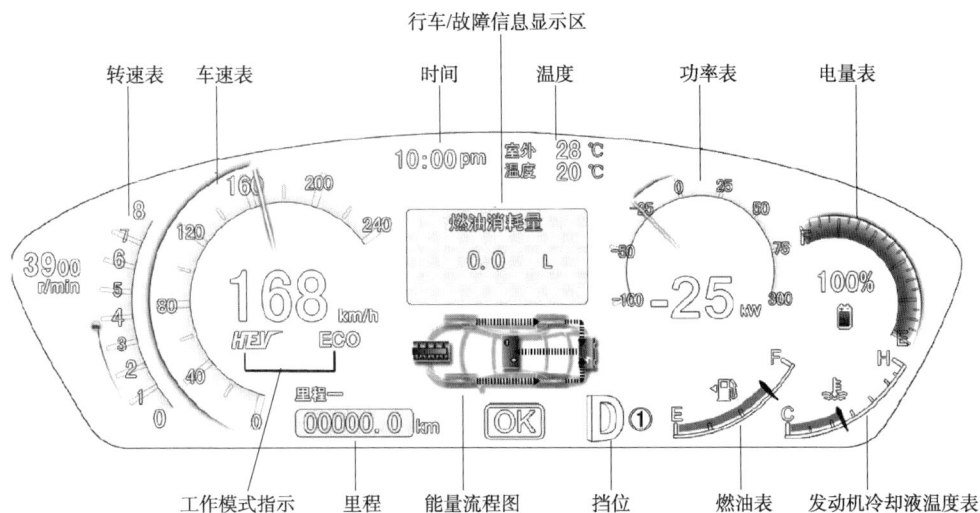

图 1-16　比亚迪·秦的仪表盘

比亚迪·秦的组合仪表指示灯含义　　　　　　表 1-7

符　号	名　称	符　号	名　称
(P)	电子驻车状态警告灯		ESP 故障警告灯*
	ESP OFF 警告灯		EPS 故障警告灯*
	胎压故障警告灯(若有时)*		动力电池充电连接指示灯
	动力系统故障警告灯*		动力电池过热警告灯*
	动力电池故障警告灯*		充电系统故障警告灯*
HEV	混合动力模式指示灯	EV	纯电动模式指示灯
ECO	经济模式指示灯	SPORT	运动模式指示灯
OK	READY 指示灯	⚠	主告警指示灯

注:表中 * 代表故障/提示指示灯。

(四) 混合动力汽车的定期维护

1.混合动力汽车的定期维护

混合动力汽车的定期维护的周期与内容由生产厂商制定,手册中推荐的维护计划是依据试验运行工况而得出的最佳维护周期,所以车辆必须规定的里程数或时间内进行首次维护,检查高压电池包的均衡状态。以后根据国内的道路状况、行驶条件等因素综合考虑,进行定期维护。

1）比亚迪混合动力汽车的定期维护作业

（1）定期维护项目

比亚迪混合动力汽车都是插电并联式混合动力汽车，车型有秦、唐、宋等，比亚迪混合动力汽车的维护周期及内容见表1-6，从表中可以看出定期维护的项目主要还是传统维护项目，表中仅第19项更换驱动电机冷却液和第20项检查更换自动变速器内的齿轮油，是除传统维护项目外新增的。表中虽然未列出使用诊断仪检查的维护项目，但从图1-14和图1-15中可以看出在实际保养作业中还包括使用诊断仪检查各系统的作业项目。使用诊断仪可以检测整车使用性能和技术状况，可以检测整车各系统，对每个系统可以执行读取故障码，读取数据流，标定等功能。通过对VDS扫描，检查有无程序需要更新，车辆有无故障。

（2）设置车辆维护信息

①维护时间设置：设置车辆维护天数，维护时间功能开启。若维护时间即将到期或已经到期，当整车上电到ON，信息显示屏上会显示相应的提示信息。设置车辆维护时间状态见表1-8。

设置车辆维护时间状态　　　　　　　　　　　　　　表1-8

显 示 项	状 态
×天或"关"	当天设定的维护时间，或如已关闭该功能，则显示"关"
关闭	关闭维护时间功能
按键"▲"	以15d为步长，增加维护时间
按键"▼"	以15d为步长，减少维护时间
返回	退出维护时间菜单，返回上一层菜单

②维护里程设置：设置车辆维护里程，维护里程功能开启。若维护时间即将到期或已经到期，当整车上电到ON，信息显示屏上会显示相应的提示信息。设置车辆维护里程见表1-9。

设置车辆维护里程　　　　　　　　　　　　　　表1-9

显 示 项	状 态
×××km或"关"	当天设定的维护时间，或如已关闭该功能，则显示"关"
关闭	关闭维护时间功能
按键"▲"	以500km为步长，增加维护时间
按键"▼"	以500km为步长，减少维护时间
返回	退出维护时间菜单，返回上一层菜单

2）上汽荣威eRX5混合动力汽车的定期维护计划和项目

上汽荣威eRX5混合动力汽车的维护计划分为"常规维护计划"或"非常规维护计划"。

（1）常规维护计划和项目

常规维护计划分为"检查（A类）"和"检查（B类）"两种,并依此进行循环维护,见表1-10。

上汽荣威 eRX5 混合动力汽车常规维护计划　　　　　　　　表 1-10

维护类型	A	B	A	B	A	B	A	B
行驶里程（×1000km）/ 使用时间（月数）	10/6	20/12	30/18	40/24	50/30	60/36	70/42	80/48

注:1.公里数或者月数,以先到达者为准。

　　2.若车辆配备智能维护提醒功能,以车辆屏幕的提示信息为准。

常规维护项目:

①一般项目(表1-11)。

上汽荣威 eRX5 混合动力汽车一般维护项目　　　　　　　　表 1-11

序号	维护项目	服务类型	
		A	B
	车辆内部和外部		
1	检查驻车制动的功能,必要时进行调整	●	●
2	检查车内外灯光、喇叭和系统警告显示功能	●	●
3	检查风窗玻璃表面、刮水器的工作情况	●	●
4	检查安全带的状态和功能	●	●
5	检查空调各项控制功能	●	●
6	更换空调滤清器滤芯		●
7	更换空气净化器滤芯		●
8	检查电动座椅的状态和功能	●	●
9	检查前舱盖锁、尾门锁、门锁、铰链、限位器等的状况必要时清理所有灰尘,重新加注油脂润滑	●	●
	前　舱		
1	检查12V蓄电池的连接和状态	●	●
2	检查高压线束是否有干涉、磨损或破损情况	●	●
3	检查风窗玻璃洗涤液液位并视情况添加至标准液位	●	●
4	执行制动液、变速器油液液位并视情况添加至标准液位	●	●
5	执行驱动电机、高压电池包冷却系统压力测试和膨胀箱盖压力测试,检查冷却系统管路及连接部位的状态	●	●
6	检查驱动电机、高压电池包冷却的液位和浓度,必要时添加冷却液至标准液位	●	●
7	检查空调系统管路状态,如压缩机、制冷管路,冷凝器等,必要时清洁相关表面	●	●

续上表

序号	维护项目	服务类型	
		A	B
前 舱			
8	检查制动真空助力器和真空管路状态	●	●
9	检查驱动电机安装支架	●	●
车 辆 底 部			
1	检查高压接插件外观,以及是否可靠安装,检查高压接插件表面是否有损坏,以及是否安装到位	●	●
2	检查高压线束是否有干涉、磨损或破损情况	●	●
3	检查通气阀外观是否损坏,安装的标识是否发生移位	●	●
4	检查手动维修开关状态,确保可靠安装并清理表面灰尘	●	●
5	检查高压电池包冷却水管的卡扣安装的相应位置,确保可靠密封	●	●
6	检查安装螺栓安装的标识是否发生移位,确保紧固	●	●
7	检查外壳(包括托架)外观是否有裂纹及变形	●	●
8	检查高压电池包的均衡状态,必要时进行充电均衡	●	●
9	检查前后制动衬块、制动盘的状态和厚度,必要时更换	●	●
10	检查制动管路状态	●	●
11	检查车轮轴承、传动轴护套	●	●
12	检查悬架和转向系统是否有泄漏、磨损情况	●	●
13	检查轮胎是否有损坏、不正常磨损和花纹深度。视情况检查四轮定位的数据	●	●
14	检查轮胎气压,必要时进行调整,前后车轮换位	●	●
15	检查底盘和车身底部螺栓与螺母是否紧固或固定,必要时更换	●	●
维 护 后			
1	使用诊断仪根据规定复位维护间隔指示器,对配备智能维护提醒功能的车辆,在娱乐主机中对维护间隔进行复位。读取并清除故障代码并检测控制系统工作状态	●	●
2	使用诊断仪检查通信模块状态和功能	●	●
3	查询新的电控单元升级版本,如有提供新的版本及时升级	●	●
4	执行路试,检查动力系统、制动和转向等系统的状态和功能	●	●

②特殊项目。

a. 变速器油:每隔 80000km 更换;

b. 制动液:每隔 2 年更换;

c. 冷却液:每隔 3 年或 80000km 更换(以先到达者为准);

d. 全景天窗玻璃导轨:建议每隔 30000km 使用该公司认可的天窗玻璃导轨润滑油进行

维护,如经常在多尘或多沙等环境中行驶,可依据具体情况及时到上汽新能源汽车授权售后服务中心进行维护。

(2)非常规维护计划和项目

适用条件:如果车辆经常在以下恶劣条件下行驶,应执行"非常规维护计划"。

①经常在0℃以下或40℃以上环境温度下行驶。

②经常急加速、急减速或高速行驶。

③经常在潮湿环境下停放或是经常涉水。

④在山地条件。

⑤用作出租车、警车或运送车等特殊用处。

技能实训

实训项目一　纯电动汽车维护作业

(一)实训目的

(1)知道国内典型纯电动汽车的维护周期、维护项目及内容;

(2)学会纯电动汽车高压安全防护方法;

(3)学会纯电动汽车维护作业规范和方法。

(二)安全文明操作及注意事项

(1)严格按照主机厂维护技术要求进行实训操作;

(2)严格自觉执行高压电安全防护操作规范;

(3)严禁用手触摸高压部件和黄色高压导线;

(4)严格执行汽车维护设备和工具的安全操作规范;

(5)自觉执行5S管理。

(三)实训设备、工具和耗材

(1)纯电动汽车整车(北汽EV160/200纯电动汽车,或比亚迪e6纯电动汽车,或其他纯电动汽车);

(2)与实训车辆相配对的诊断仪(北汽BDS诊断仪、比亚迪EDC1000/2000),万用表;

(3)高压防护套装、绝缘垫;

(4)举升机、工具车、绝缘工具、拆检工具、空调温度计和风速计;

(5)汽车维修护垫三件套、车内三件套、抹布。

(四)作业单

姓名:＿＿＿＿＿＿　班级:＿＿＿＿＿＿　学号:＿＿＿＿＿＿　成绩:＿＿＿＿＿＿

车型:＿＿＿＿＿＿　VIN码:＿＿＿＿＿＿

（1）设计双人快保作业的工艺流程与分工，填写表1-12。

双人快保作业的工艺流程　　　　　　　　　　　表1-12

步骤序号	A选手		B选手	
	作业内容	操作要领	作业内容	操作要领
1				
2				
3				
4				
5				
6				
7				
8				
9				
10				
11				
12				
13				
14				
15				
16				
17				
18				
19				
20				

（2）做北汽纯电动汽车5000km维护，填写表1-13。

北汽纯电动汽车5000km维护（A级维护）作业单　　　　　　表1-13

系统类别	检查内容	处理方法	检查结果			
			良好	紧固	需更换	其他处理
1.动力电池系统	安全防护	👁 🔧				
	绝缘	👁 🔧				
	接插件状态	👁 🔧 ✋				
	标识	👁 🔧				
	螺栓紧固力矩	🔧				
	动力电池加热功能检查	👁 💻				
	外部检查	👁 🔧				
	数据采集	💻				

系统类别	检查内容	处理方法	检查结果			
			良好	紧固	需更换	其他处理
2. 电机系统	安全防护	👁 🔧				
	绝缘	👁 🔧				
	电机及控制器冷却检查	👁 💻 🔧				
	外部检查	👁 🔧				
3. 电器电控系统	机舱及各部位低压线束防护固定	👁 🔧 ✋				
	机舱及各部位接插件状态	👁 🔧 ✋				
	机舱及各部位高压线束防护固定	👁 🔧 ✋				
	机舱及底盘各高低压电器固定及接插件连接状态	👁 🔧 ✋				
	蓄电池	👁 🔧				
	灯光、信号	👁 🔧				
	充电口及高压线	👁 🔧				
	高压绝缘监测系统	👁 🔧 💻				
	故障诊断系统报警监测	👁 🔧 💻				
4. 制动系统	驻车制动	👁 🔧				
	制动装置	👁 🔧				
	制动液	👁 🔧				
	制动真空泵	👁 🔧				
	前后制动摩擦副	👁 🔧				
5. 转向系统	转向盘与转向管柱连接紧固状态	👁 🔧				
	转向机本体连接紧固状态	👁 🔧				
	转向横拉杆间隙及防尘套	👁 🔧				
	转向助力功能	👁 🔧 🚗				
6. 车身系统	风窗玻璃刮水器	👁 🔧				
	顶窗	👁 🔧				
	座椅及滑道	👁 🔧				
	门锁及铰链	👁 🔧				
	机舱铰链及锁扣	👁 🔧				
	行李舱门铰链及锁	👁 🔧				

续上表

系统类别	检查内容	处理方法	检查结果			
			良好	紧固	需更换	其他处理
7.传动及悬架系统	变速器(减速器)	👁 🔧				
	传动轴	👁 🔧				
	轮辋	👁 🔧				
	轮胎	👁 🔧				
	副车架及各悬置连接状态	👁 🔧				
	前后减振器	👁 🔧				
8.冷却系统	冷却液液位及冰点	👁 🔧				
实训体会						
教师点评						

注:其他纯电动汽车按上表操作。

实训项目二　混合动力汽车维护作业

(一)实训目的

(1)知道比亚迪等典型混合动力汽车的维护周期、维护项目及内容;
(2)学会纯电动汽车高压安全防护方法;
(3)学会比亚迪混合动力汽车维护作业规范和方法。

(二)安全文明操作及注意事项

(1)严格按照主机厂维护技术要求进行实训操作;
(2)严格自觉执行高压电安全防护操作规范;
(3)严禁用双手触摸高压部件和黄色高压导线;
(4)严格执行汽车维护设备和工具的安全操作规范;
(5)自觉执行5S管理。

(三)实训设备、工具和耗材

(1)比亚迪·秦混合动力汽车整车,或其他混合动力汽车;
(2)与实训车辆配套的诊断仪(比亚迪 VDS1000/ VDS2000 诊断仪),万用表;

（3）高压防护套装、绝缘垫；

（4）举升机、工具车、绝缘工具、拆检工具、空调温度计和风速计。

（四）作业单

姓名：＿＿＿＿＿　　班级：＿＿＿＿＿　　学号：＿＿＿＿＿　　成绩：＿＿＿＿＿

车型：＿＿＿＿＿　　VIN码：＿＿＿＿＿

（1）设计双人快保（3500km首保）作业的工艺流程与分工，填写表1-14。

双人快保作业的工艺流程　　　　　　　　　　　表1-14

步骤序号	A 选手		B 选手	
	作业内容	操作要领	作业内容	操作要领
1				
2				
3				
4				
5				
6				
7				
8				
9				
10				
11				
12				
13				
14				
15				
16				
17				
18				
19				
20				

（2）做比亚迪·秦汽车 3500km 维护,填写表 1-15。

比亚迪·秦汽车 3500km 维护作业单 表 1-15

系统类别	检查内容	处理方法	检查结果			
			良好	紧固	需更换	其他处理
1.动力电池系统	安全防护	👁🔧				
	绝缘	👁🔧				
	接插件状态	👁🔧✋				
	标识	👁🔧				
	螺栓紧固力矩	🔧				
	动力电池加热功能检查	👁💻				
	外部检查	👁🔧				
	数据采集	💻				
2.电机系统	安全防护	👁🔧				
	绝缘	👁🔧				
	电机及控制器冷却检查	👁💻🔧				
	外部检查	👁🔧				
3.电器电控系统	机舱及各部位低压线束防护固定	👁🔧✋				
	机舱及各部位接插件状态	👁🔧✋				
	机舱及各部位高压线束防护固定	👁🔧✋				
	机舱及底盘各高低压电器固定及接插件连接状态	👁🔧✋				
	蓄电池	👁🔧				
	灯光、信号	👁🔧				
	充电口及高压线	👁🔧				
	高压绝缘监测系统	👁🔧💻				
	故障诊断系统报警监测	👁🔧💻				
4.制动系统	驻车制动	👁🔧				
	制动装置	👁🔧				
	制动液	👁🔧				
	制动真空泵	👁🔧				
	前后制动摩擦副	👁🔧				

续上表

系统类别	检查内容	处理方法	检查结果			
			良好	紧固	需更换	其他处理
5.转向系统	转向盘与转向管柱连接紧固状态	👁 🔧				
	转向机本体连接紧固状态	👁 🔧				
	转向横拉杆间隙及防尘套	👁 🔧				
	转向助力功能	👁 🔧				
6.车身系统	风窗玻璃刮水器	👁 🔧				
	顶窗	👁 🔧				
	座椅及滑道	👁 🔧				
	门锁及铰链	👁 🔧				
	机舱铰链及锁扣	👁 🔧				
	行李舱门铰链及锁	👁 🔧				
7.传动及悬架系统	变速器(减速器)	👁 🔧				
	传动轴	👁 🔧				
	轮辋	👁 🔧				
	轮胎	👁 🔧				
	副车架及各悬置连接状态	👁 🔧				
	前后减振器	👁 🔧				
8.冷却系统	冷却液液位及冰点	👁 🔧				
实训体会						
教师点评						

注:其他混合动力汽车按上表操作。

模块小结

(1)"定期检测、强制维护、视情修理"是我国汽车维护制度的指导原则。《汽车维护、检测、诊断技术规范》(GB/T 18344—2016)的内容有七项:汽车日常维护作业,汽车一级维护的项目、作业内容和技术要求,汽车二级维护的作业过程,汽车二级维护检测、诊断及其维护附加作业项目的确定,汽车二级维护过程检验,汽车二级维护的基本维护项目、作业内容和技术要求,汽车二级维护竣工检验项目和技术要求。这七项内容的核心是汽车二级维护检测和诊断。

（2）新能源汽车的核心是"三电"。纯电动汽车和燃料汽车没有内燃发动机,所以维护作业内容少,但车辆的底盘系统和车身电气系统有许多相同之处。混合动力汽车维护作业与内燃发动机汽车维护作业相比,大部分作业内容还是二级维护作业内容。

（3）纯电动汽车的差异化维护作业是对动力电池、电机和控制系统的检测维护。

（4）混合动力汽车的差异化维护作业是对程序进行扫描与标定,对动力电池、电机和控制系统的检测维护。

思考与练习

（一）填空题

1. 我国汽车维护制度的指导原则是_____、_____、_____。
2. 北汽纯电动汽车维护周期 A 级维护首次_____ km 维护,B 级维护首次_____ km 维护,以后分别间隔_____ km 维护。
3. 纯电动汽车的日常维护要点是_____、_____、_____。
4. _____系统、_____系统、_____系统的维护作业是新能源汽车的独有的维护项目。
5. 新能源汽车每次到 4S 店进行维护,专业维护人员要对电池包的_____等级、_____的状态和电池包内部_____进行细致检查,确保动力电池保持在最佳状态。
6. 混合动力汽车的维护作业项目包含两部分,一是与传统汽车相同的_____系统维护作业项目,二是增加_____的维护作业项目。在电气系统方面也包括两部分,一是与传统汽车相同的_____维护作业项目,二是增加的_____的维护作业项目。

（二）判断题

1. 纯电动汽车驱动系统的维护作业主要是对电池组和电动机进行日常养护。（   ）
2. 混合动力汽车也有发动机,所以更换机油的间隔时间与内燃发动机汽车是相同的。
（   ）
3. 新能源汽车的空调维护作业与内燃发动机汽车是相同的。（   ）
4. 对新能源汽车做维护作业必须穿戴高压安全防护衣物。（   ）
5. 用诊断仪进行检查和程序更新,是新能源汽车维护作业中的一个必做项目。（   ）
6. 对新能源汽车做维护作业,必须使用高压绝缘工具。（   ）

（三）简答题

1. 纯电动汽车维护作业与内燃发动机汽车维护作业有何差异?
2. 混合动力汽车维护作业与内燃发动机汽车维护作业有何差异?
3. 为什么在新能源汽车维护作业中要使用诊断仪?

模块二 新能源汽车检测与数据分析

📚 **学习目标**

1. 了解新能源汽车检测仪器的种类及功用;
2. 了解诊断仪显示的主要数据流含义;
3. 学会正确使用万用表、钳形电流表等检测仪器和工具;
4. 学会操作使用新能源汽车诊断仪。

📚 **建议课时:6 课时。**

一、新能源汽车检测仪器与工具

(一)数字万用表

万用表不但是传统汽车电器维修的必备测量仪器,在新能源汽车维修作业中也是十分重要的测量仪器。通用数字万用表如图 2-1 所示。可以测量交流和直流电压、交流和直流电流、电阻和电平等电参数。档次稍高的万用表还可测量频率、电容量、电感量、二极管压降及晶体管共发射极直流电流放大倍数等。

汽车数字万用表是在通用数字万用表的基础上,增加满足汽车特定功能测量要求的仪表。它不但可以进行常规的电压、电流、电阻、电容等的测量,而且还可以测量如温度、转速、频率、占空比、闭合角等参数。按量程转换方式可分为手动转换式、自动转换式、自动/手动综合转换式等;按使用性能分为智能型、数字/模拟混合型、数字/模拟条图双显示型,等等。

对新能源汽车进行维护与故障诊断用的万用表,要求电流的测量范围值至少要达到 250A,如果要对充电设备进行检修,这个量程还需调整到 500A,如果万用表无此功能,就要配备一块能够进行交直流测量的钳形电流表。

(二)发光二极管试灯

发光二极管试灯如图 2-2 所示。其可用来检测汽车电路是否有电、导线是否断路或短路等故障。试灯具有快捷、便利、使用简便等优点,所以在新能源汽车电器维修中起着积极的作用。

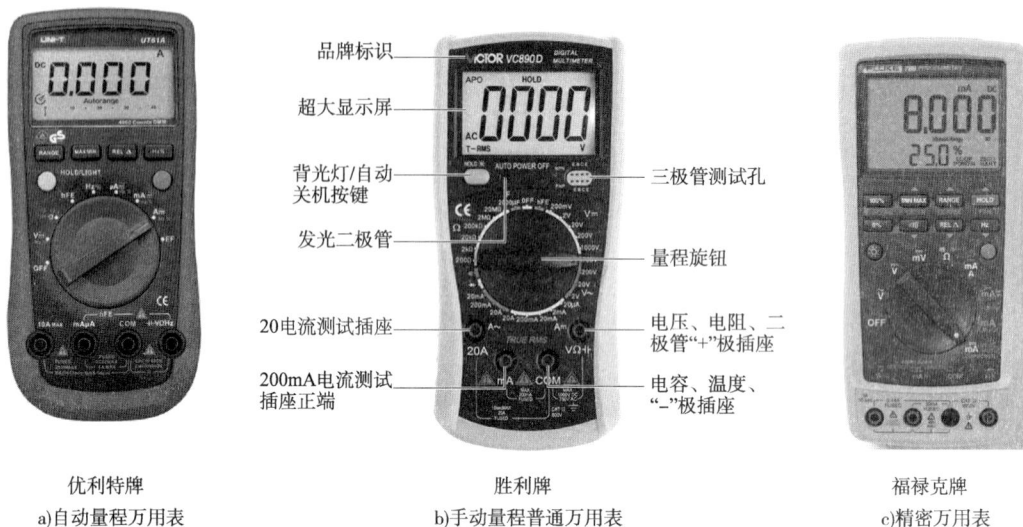

品牌标识
超大显示屏
背光灯/自动关机按键
发光二极管
20电流测试插座
200mA电流测试插座正端

三极管测试孔
量程旋钮
电压、电阻、二极管"+"极插座
电容、温度、"−"极插座

优利特牌
a)自动量程万用表

胜利牌
b)手动量程普通万用表

福禄克牌
c)精密万用表

图 2-1　数字式万用表

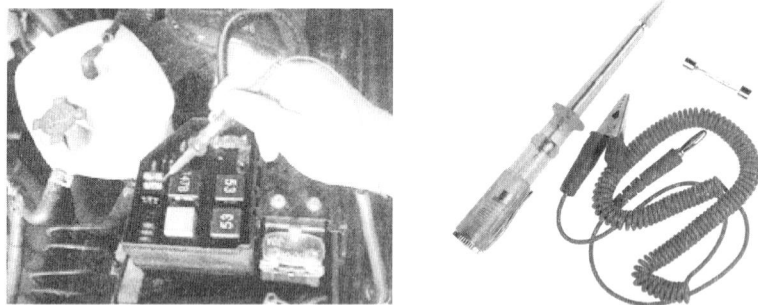

图 2-2　发光二极管试灯

(三) 钳形电流表

钳形电流表无须断开电源和线路即可直接测量运行中电气设备的工作电流,其体积小,携带方便。根据其结构及用途可分为互感器式和电磁系两种。常用的互感器式钳形电流表只能测量交流电流。电磁系钳形电流表可以交直流两用。汽车电气维修检测起动电流和充电电流常用数字式交直流两用钳形电流表,如图 2-3 所示。

(四) 数显式绝缘兆欧表

绝缘兆欧表也称绝缘电阻表,是电力、邮电、通信、机电安装、维修以及新能源汽车维修作业中必不可少的仪表。它适用于测量各种绝缘材料的电阻值及变压器、电机、电缆、电器设备等的绝缘电阻。

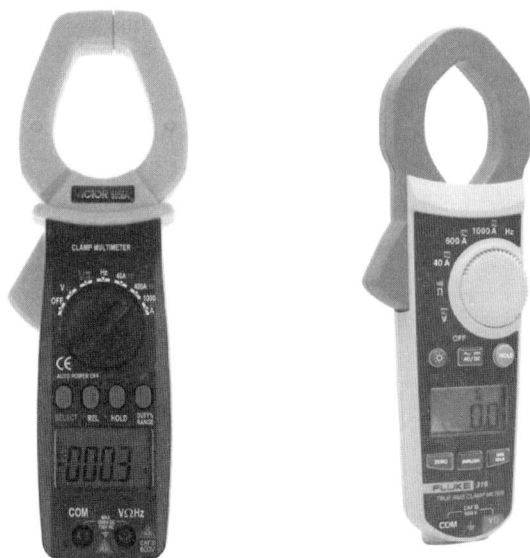

a)胜利牌交直流钳形电流表　　　　b)福禄克牌交直流钳形电流表

图 2-3　钳形电流表

电气设备绝缘性能的好坏,关系到电气设备的正常运行和操作人员的人身安全。如果新能源汽车高压系统的绝缘材料由于发热、受潮、污染、老化等原因而损坏,就会造成人身重大安全事故,所以在维修新能源汽车高压系统故障时,需要经常测量高压系统的绝缘电阻。

绝缘电阻不能用万用表的欧姆挡测量,因为绝缘电阻的阻值比较大,几十兆欧姆以上,万用表在测量电阻时的电源电压很低(9V 以下),在低电压下呈现的电阻值,并不能反映在高电压作用下的绝缘电阻的真正数值,因此,检测绝缘电阻必须用备有高压电源的兆欧表进行测量。

绝缘兆欧表的有指针式和数显式两种,数字兆欧表运用电池驱动,具有精度高、读数直观、操作方便、安全可靠、体积小、便于携带等优点,是测量绝缘电阻最常用的仪表。图 2-4 为常见数显式兆欧表的外观。

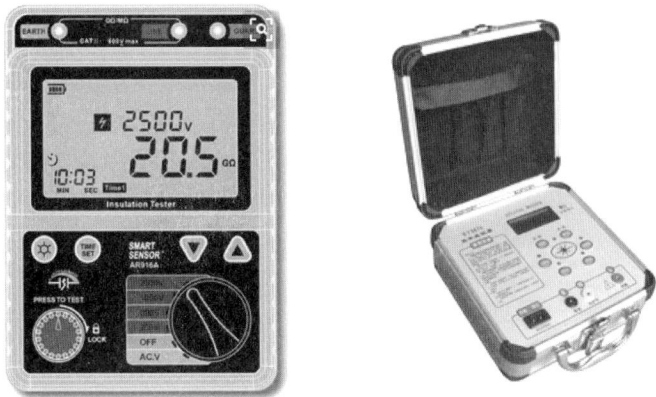

图 2-4　数显式兆欧表

二、诊断仪

(一)诊断仪的作用和基本功能

在电控汽车的维护与修理工作中,诊断仪具有十分重要的作用,使用诊断仪可以对发动机电控系统系统、底盘电控系统和车身电气系统进行检测,执行的功能有:读取和清除故障码,读取数据流,动作测试,系统设定、编码输入、编程等。在新能源汽车的维护与维修工作中,诊断仪具有十分重要的作用,诊断仪具有读取故障码和数据流、系统测试和软件升级等功能。

(二)北汽 BDS 诊断仪

1.北汽 BDS 诊断仪简介

1)组成

北汽 BDS 诊断仪由 VC 诊断盒、内装程序的笔记本电脑、诊断插头和连接导线组成,如图 2-5 所示。北汽 BDS 诊断仪可以检测北汽各型号的新能源汽车,也可以检测北汽的电控发动机汽车(采用 OBD 接头)。

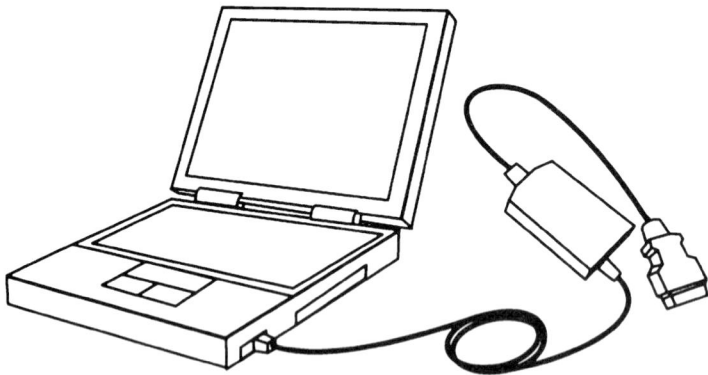

图 2-5　北汽 BDS 诊断仪的连接

2)测试系统

北汽 BDS 诊断仪可以检测北汽纯电动汽车的 11 个系统:整车控制系统(VCU 或 VBU,根据是否涵盖电动真空制动助力系统区分)、驱动电机系统(MCU)、动力电池系统(BMS PPST)、组合仪表(ICM)、车载充电机(CHG)、动力电池系统(BMS BESK)、远程监控系统(RMS)、电动助力转向系统(EPS)、中控信息娱乐系统(EHU)、车身电控模块(BCM)、安全气囊(SDM)等。

3)操作方法

(1)VC 诊断盒上插着两根导线,一根导线上带有可与车上诊断插座相连的诊断插头,另一根带有与电脑相连的 USB 插头。

(2)汽车起动开关置于 OFF 位置。将 VC 诊断盒上的诊断插头插在汽车的诊断座上,另一根导线的 USB 插头插到装有北汽诊断程序的笔记本电脑 USB 接口上。也可以开启蓝牙功能,直接进行连接。

（3）打开汽车电源开关 ON,诊断仪进入诊断工作状态。

2．诊断仪的诊断功能框架

BDS 诊断仪的诊断功能框架如图 2-6 所示。

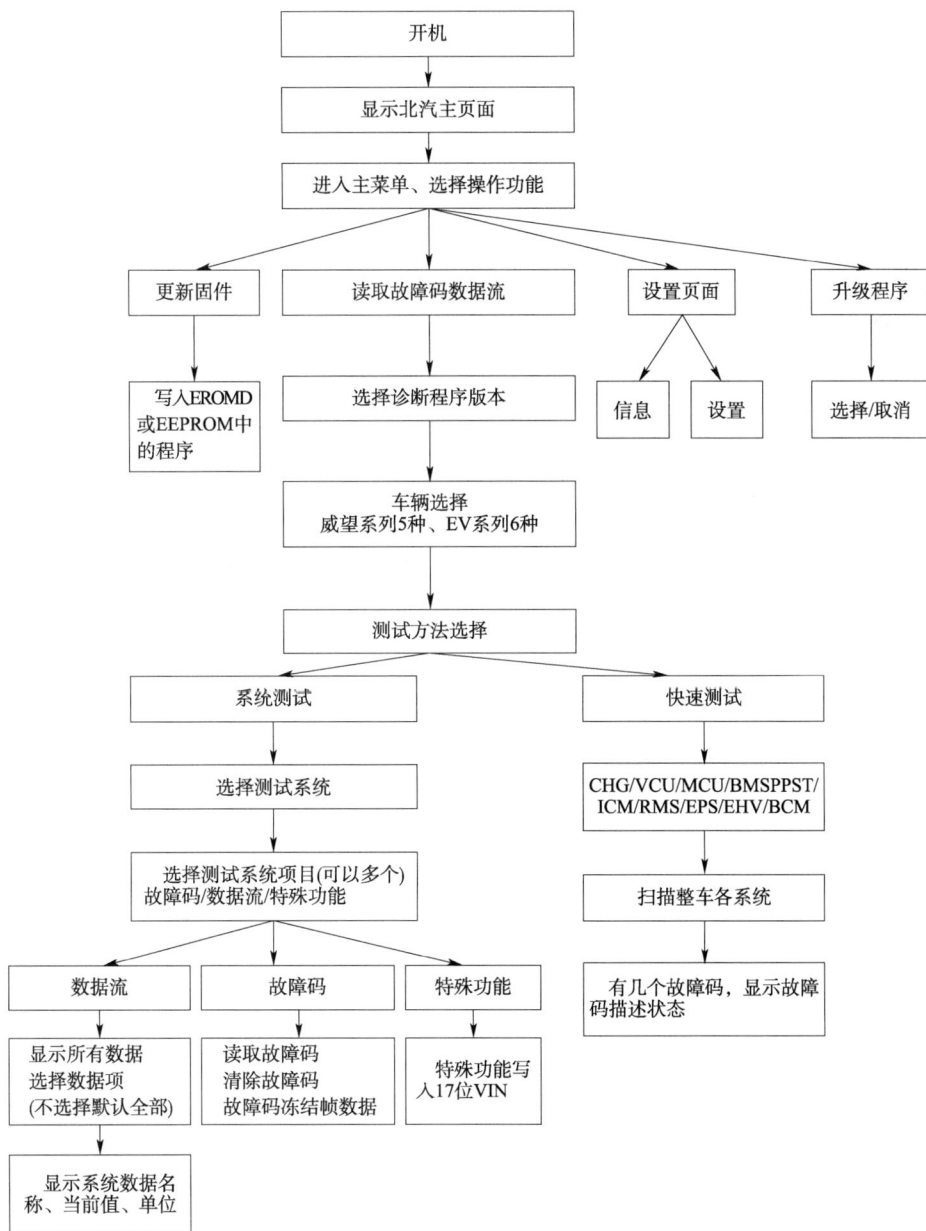

图 2-6　北汽 BDS 诊断仪的功能框架

(三) 比亚迪 VDS1000 诊断仪

1. 组成

比亚迪 VDS1000 诊断仪由内装程序的比亚迪专用笔记本电脑、诊断插座和连接导线组成，如图 2-7a) 所示。新开发的 VDS2000 诊断仪如图 2-7b) 所示。比亚迪 VDS 1000 诊断仪可以检测所有的比亚迪混合动力汽车和纯电动汽车。

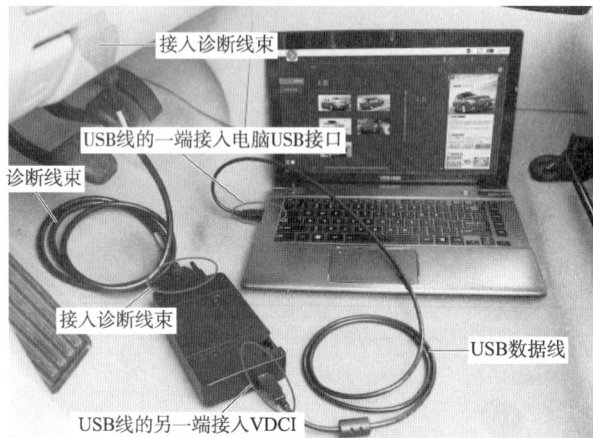

a) 比亚迪VDS1000诊断仪的连接

b) 比亚迪VDS2000诊断仪

图 2-7　比亚迪 VDS 诊断仪

2. 可测试系统

比亚迪 VDS1000 诊断仪的功能框架如图 2-8 所示。

3. 操作方法

(1) 比亚迪 VDS1000 诊断仪有一根连接导线，这根导线一端带有诊断插头，另一根带有电脑 USB 插头。

(2) 点火开关 OFF。将导线上的诊断插头插在汽车的诊断座上，导线上的 USB 插头插到比亚迪专用笔记本电脑的 USB 接口上。

（3）点火开关 ON,诊断仪进入诊断工作状态。

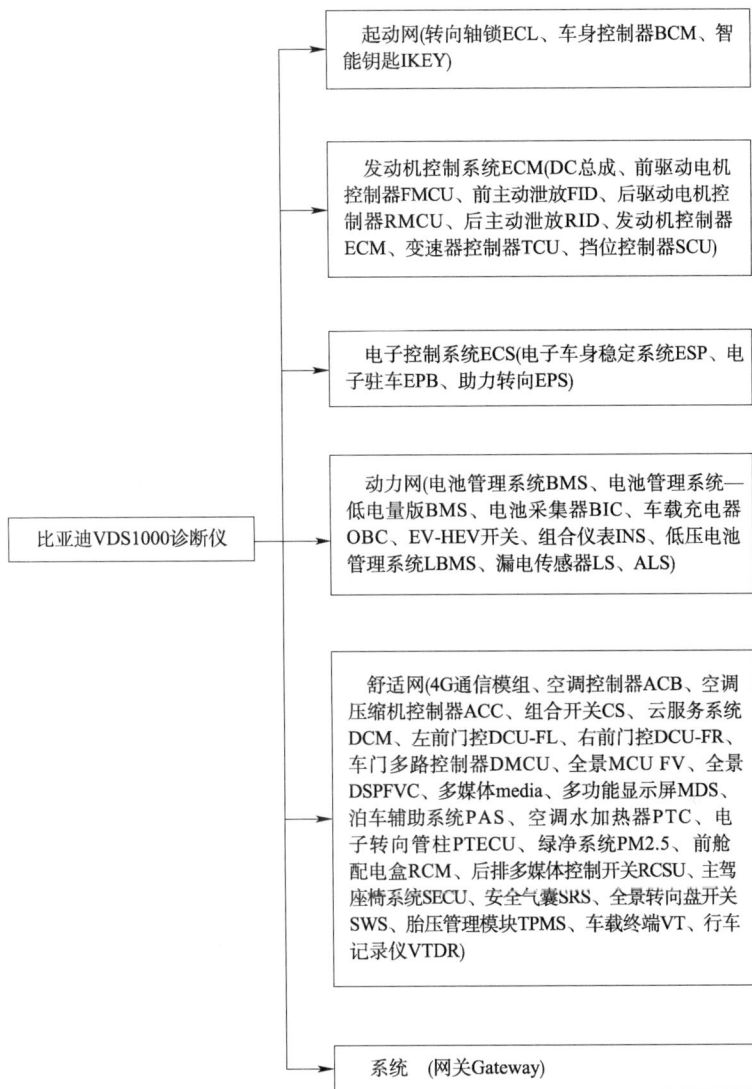

图 2-8　比亚迪 VDS1000 诊断仪的功能框架

4.诊断仪的诊断功能框架

比亚迪 VDS 1000 诊断仪的诊断功能框架如图 2-9 所示。

（四）元征 X-431 EV 诊断仪

1.组成与功能

X-431 EV 是深圳市元征科技股份有限公司基于 Android 系统研发的一款新能源汽车故障诊断仪,如图 2-10 所示。5.5 英寸彩色电容触摸屏,支持 Wi-Fi 无线上网,支持蓝牙4.0、GPS,支持摄像功能。

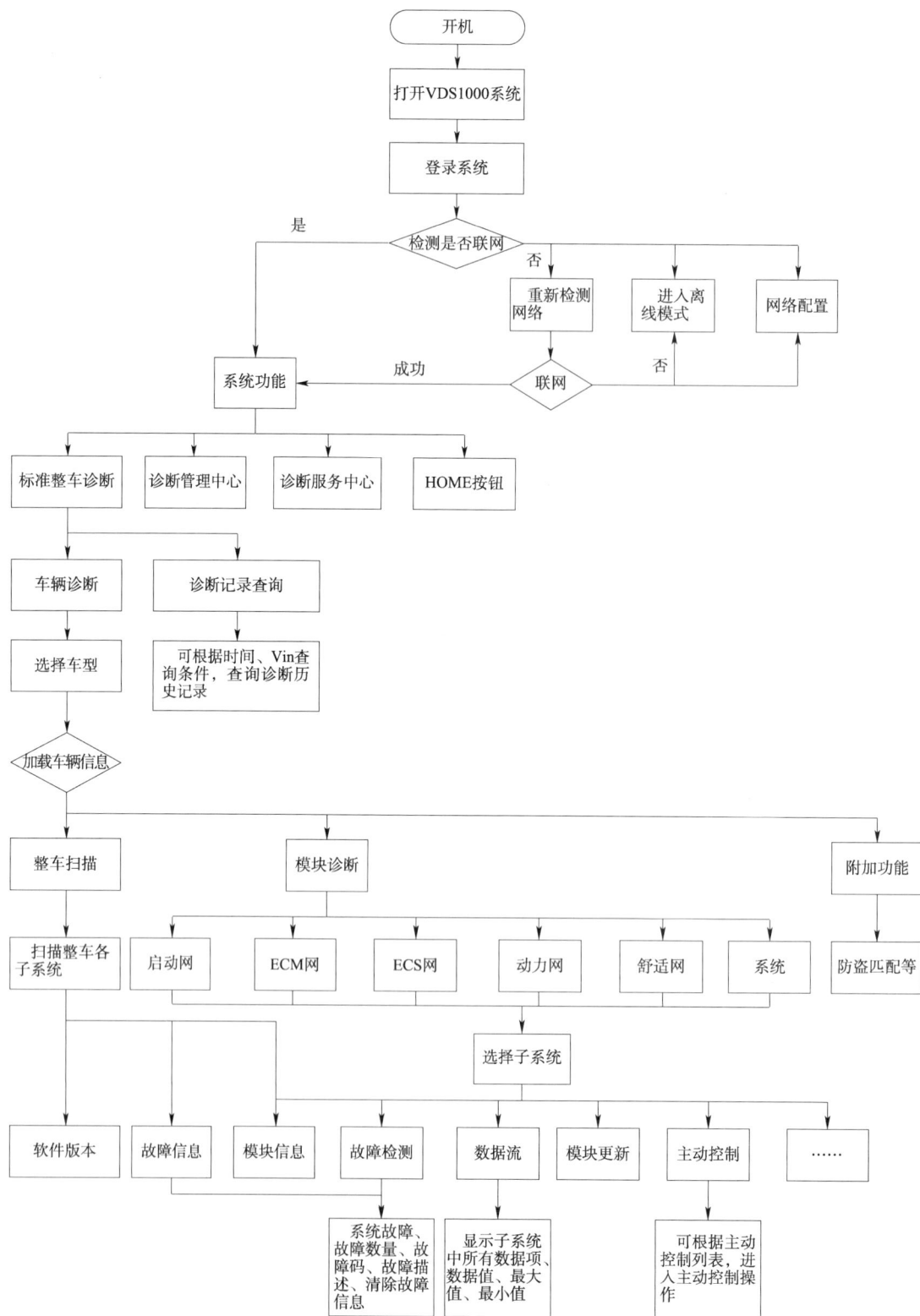

图 2-9　比亚迪 VDS1000 诊断仪的诊断功能框架

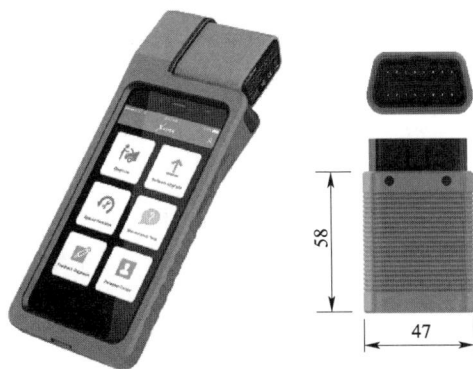

图 2-10　X-431 EV 诊断仪(尺寸单位:mm)

X-431 EV 诊断仪支持检测 12V 新能源车型的电控系统,覆盖市面上 40 个品牌新能源车系。诊断仪可以进行全系统诊断,支持读码、清码、读数据流、动作测试等功能。具有在线资料,一键升级的特点。

2.诊断流程

X-431 EV 诊断仪的诊断流程如图 2-11 所示。

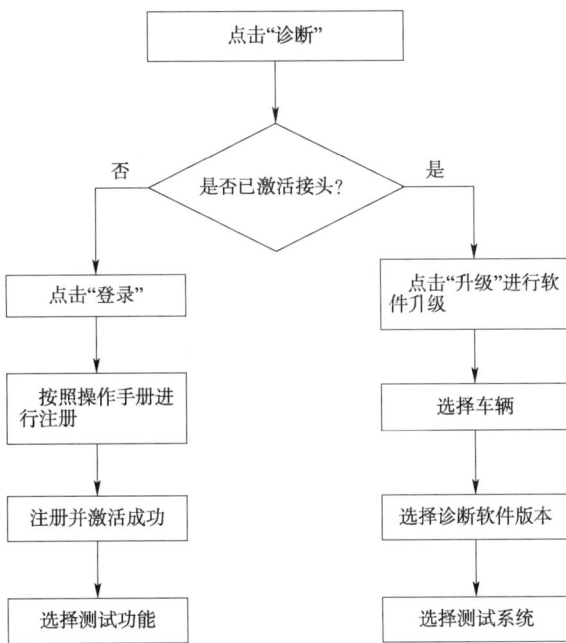

图 2-11　X-431 EV 诊断仪的诊断流程

三、使用新能源汽车诊断仪检测数据

(一)北汽 EV160 纯电动汽车检测数据一览表

北汽 BDS 诊断仪目前可以检测 11 种北汽新能源汽车,不同车型的读取数据不尽相同。

随着北汽新能源汽车技术的发展和诊断仪功能的提升,检测数据也会不断更新。但不管哪个类型的纯电动汽车,核心技术都是"三电技术",基本结构组成是相同的。例如,驱动动力电池(也称动力电池包)基本采用锂电池,动力电池包分成若干个电池组,每个电池组由若干个单体电池串联组成,各电池组再进行串并联,输出总电压都在300V以上。动力电池管理系统(BMS)监测动力电池包的工作状态,其基本工作技术参数包括动力电池内部总电压、充放电电流、正负极对地绝缘电阻、单体电池最高电压序号、单体电池最低电压序号、单体电池最高温度序号等。随着技术的发展,动力电池的检测数据将会更多,从而给纯电动汽车的维护与维修工作带来更大的方便。

下面以北汽EV160车(2015年)为例,使用北汽BDS诊断仪进行检测,下列数据是在北汽EV160车电源开关打开、车辆未行驶的条件下检测到的数据。读取的数据包括整车控制器数据(表2-1)、动力电池系统数据(表2-2)、驱动电机模块数据(表2-3)和车身电控模块数据(表2-4)。

1. 整车控制器(VCU)数据(表2-1)

北汽 **EV160** 整车控制器检测数据 表2-1

名　　　称	当　前　值	单　位
整车状态	30	
里程读数	667.17	km
供电电压	13.7	V
加速踏板开度	0	%
制动踏板信号	释放	
挡位信号	N	
整车模式变量	运行	
母线电流	0.44	A
驱动电机目标转矩命令	0.00	N·m
驱动电机目标转速命令	0.4	r/min
驱动电机当前转矩	0.00	N·m
驱动电机当前转速	0.4	r/min
直流母线电压实际值 V_1	330.00	V
直流母线电压实际值 V_2	329.00	V
直流母线电压实际值 V_3	329.00	V
车速	0	km/h

2. 动力电池系统(BMS PPST)数据(表2-2)

北汽 **EV160** 动力电池系统检测数据(BMS PPST) 表2-2

名　　　称	当　前　值	单　位
动力电池内部总电压	＊＊＊＊＊	V
动力电池充放电电流	＊＊＊＊＊	A
动力电池外部总电压	＊＊＊＊	V

续上表

名　　称	当　前　值	单　位
动力电池负载端总电压	＊＊＊＊＊	V
整车 State 状态	＊＊＊＊＊	
直流母线电压	＊＊＊＊＊	V
KL15	＊＊＊＊＊	V
KL30	＊＊＊＊＊	V
BCU 自控计数器	＊＊＊＊＊	
动力电池负端继电器当前状态	＊＊＊＊＊	
动力电池正端继电器当前状态	＊＊＊＊＊	
动力电池预充继电器当前状态	＊＊＊＊＊	
高压互锁状态	＊＊＊＊＊	
动力电池充电请求	＊＊＊＊＊	
正极对地绝缘电阻	＊＊＊＊＊	MΩ
负极对地绝缘电阻	＊＊＊＊＊	MΩ
动力电池允许最大充电电流	＊＊＊＊＊	A
动力电池允许最大充电电压	＊＊＊＊＊	V
当前状态允许最大放电功率	＊＊＊＊＊	kW
当前状态允许最大馈电功率	＊＊＊＊＊	kW
动力电池 SOC	＊＊＊＊＊	%
动力电池可用容量	＊＊＊＊＊	Ah
动力电池可用能量	＊＊＊＊＊	kW
单体电芯最高电压	＊＊＊＊＊	V
最高电压单体序号	＊＊＊＊＊	
单体电芯最低电压	＊＊＊＊＊	V
最低电压单体序号	＊＊＊＊＊	
单体电芯最高温度	＊＊＊＊＊	℃
最高温度单体序号	＊＊＊＊＊	
单体电芯最低温度	＊＊＊＊＊	℃
最低温度单体序号	＊＊＊＊＊	
BSM:单体电压过高/过低状态	＊＊＊＊＊	
BSM:SOC 单体电压过高/过低状态	＊＊＊＊＊	
BSM:充电过电流状态	＊＊＊＊＊	
BSM:温度过高状态	＊＊＊＊＊	
BSM:绝缘状态	＊＊＊＊＊	

名　　称	当　前　值	单　位
BSM:动力电池组输出连接器连接状态	＊＊＊＊＊	
BSM:充电允许状态	＊＊＊＊＊	
BST:达到所需求的 SOC 目标值状态	＊＊＊＊＊	
BST:达到总电压设定值状态	＊＊＊＊＊	
BST:达到单体电压设定值状态	＊＊＊＊＊	
BST:绝缘故障状态	＊＊＊＊＊	
BST:输出连接器过温故障状态	＊＊＊＊＊	
BST:充电连接器故障状态	＊＊＊＊＊	
BEM:接收 SPN2560＝0X00 充电机辨识报文超时状态位	＊＊＊＊＊	
BEM:接收 SPN2560＝0XAA 充电机辨识报文超时状态位	＊＊＊＊＊	
BEM:接收 SPN2560＝0XAA 充电机辨识报文超时状态位	＊＊＊＊＊	
BEM:接收 CTS/CML 报文超时状态位	＊＊＊＊＊	
BEM:接收 CRO 报文超时状态位	＊＊＊＊＊	
BEM:接收 CCS 报文超时状态位	＊＊＊＊＊	
BEM:接收 CST 报文超时状态位	＊＊＊＊＊	
BEM:接收 CSD 报文超时状态位	＊＊＊＊＊	
1 号子板 EEPROM 故障状态	＊＊＊＊＊	
……	＊＊＊＊＊	
8 号子板 EEPROM 故障状态	＊＊＊＊＊	
1 号子板电压采集电路故障状态	＊＊＊＊＊	
……	＊＊＊＊＊	
8 号子板电压采集电路故障状态	＊＊＊＊＊	
1 号子板温度采集电路故障状态	＊＊＊＊＊	
……	＊＊＊＊＊	
8 号子板温度采集电路故障状态	＊＊＊＊＊	
1 号子板主动均衡通道故障状态	＊＊＊＊＊	
……	＊＊＊＊＊	
8 号子板 BMS/VBU 通信节点丢失故障状态	＊＊＊＊＊	
当前状态允许最大放电功率	＊＊＊＊＊	W
当前状态允许最大馈电功率	＊＊＊＊＊	W
动力电池 SOG	＊＊＊＊＊	%

3. 驱动电机模块（MCU）数据（表2-3）

北汽 EV160 驱动电机模块（MCU）检测数据

表2-3

名　　　称	当　前　值	单　　　位
MCU 使能命令	使能（Enable）	
驱动电机工作模式命令	转矩模式	
驱动电机转矩、转速指令方向命令	保留	
挡位信号	N 挡	
制动信号	释放	
MCU 初始化状态	已完成	
驱动电机当前状态	电动状态	
驱动电机当前工作模式	转矩模式	
驱动电机当前旋转方向	待机状态	
驱动电机控制器高压检测完成标志	已完成	
EEPROM 写数据完成标志位	未完成	
驱动电机控制器高压放电完成标志位	未完成	
驱动电机控制器低压下电请求标志位	未完成	
驱动电机控制器高压放电完成标志位	全功率运行	
驱动电机控制器高压放电完成标志位	不关使能	
整车状态机编码	30	
直流母线电压	329.00	V
直流母线电流	0.24	A
驱动电机目标转矩命令	0.00	N·m
驱动电机目标转速命令	−0.4	r/min
驱动电机当前转矩	0.00	N·m
驱动电机当前转速	−0.4	r/min
A 相 IGBT 模块当前内部温度	37	℃
B 相 IGBT 模块当前内部温度	37	℃
C 相 IGBT 模块当前内部温度	37	℃
MCU 当前散热底板温度	52	℃
驱动电机当前温度	40	℃
D 轴电流给定值	0.00	A
D 轴电流反馈值	0.20	A
Q 轴电流给定值	0.00	A
Q 轴电流反馈值	1.72	A
D 轴电压	0.92	V

续上表

名　称	当　前　值	单　位
Q轴电压	-1.28	V
转子位置电角度	58.5	(°)
转子位置初始角度	321.0	(°)
MCU低压供电电源电压	12.96	V

4.车身电控模块（BCM）数据（表2-4）

北汽 **EV160** 车身电控模块（BCM）检测数据　　　　表2-4

名　称	当　前　值	单　位
钥匙开关ACC	开	
在按键ON	开	
钥匙开关START	关	
发动机运转	开	
钥匙在枪管开关	开	
车辆移动	关	
电压过低	关	
电压过高	关	
车辆模式	正常	
驾驶员车窗下降开关(从AD输入)	关	
驾驶员车窗上升开关(从AD输入)	关	
乘客车窗下降开关(从AD输入)	关	
乘客车窗上升开关(从AD输入)	关	
左后车窗下降(从数字键输入)	关	
左后车窗上升(从数字键输入)	关	
右后车窗下降(从数字键输入)	关	
右后车窗上升(从数字键输入)	关	
后窗禁用开关(从数字键输入)	关	
本地乘客车窗向上开关(从数字键输入)	关	
本地乘客车窗向上开关(从数字键输入)	关	
本地左后车窗上升(从数字键输入)	关	
本地左后车窗下降(从数字键输入)	关	
本地右后车窗上升(从数字键输入)	关	
本地右后车窗下降(从数字键输入)	关	
驾驶员侧车门打开(从数字键输入)	开	
其他门打开(从数字键输入)	开	

续上表

名　　　称	当　前　值	单　　位
阀盖打开(从数字键输入)	关	
行李舱开启(从数字键输入)	开	
驾驶员侧车门钥匙锁定开关(从数字键输入)	关	
驾驶员侧门钥匙开锁开关(从数字键输入)	开	
主锁开关(从 AD 输入)	关	
主解锁开关(从 AD 输入)	关	
行李舱释放开关	关	
前刮水器选择开关1(从数字键输入)	关	
前刮水器选择开关2(从数字键输入)	关	
后刮水器开关(从数字键输入)	关	
前清洗开关(从数字键输入)	关	
后清洗开关(从数字键输入)	关	
前刮水器停止开关(从数字键输入)	开	
后刮水器停止开关(从数字键输入)	关	
来自刮水传感器的快速擦拭要求(来自 LIN 信号)	关	
来自刮水传感器的慢速擦拭要求(来自 LIN 信号)	关	
左舵转向开关(从键输入)	关	
左舵转向开关(从数字键输入)	关	
侧灯模式	关	
主光灯开关	关	
前雾灯状态输入(从数字键输入)	关	
后雾灯开关(从数字键输入)	关	
倒车灯开关(从数字键输入)	关	
危险警告开关(从数字键输入)	开	
主光束闪光开关(从数字键输入)	关	
自动灯模式	关	
自动灯请求(从 LIN 键输入)	关	
制动灯开关(从数字键输入)	关	
位置灯开关	关	
近光灯开关	关	
自动灯开关(从数字键输入)	关	
喇叭开关(从数字键输入)	关	
换挡驻车开关(从数字键输入)	关	

名　　称	当　前　值	单　位
HRW 开关(从数字键输入)	关	
后视镜折叠开关(从数字键输入)	关	
崩溃电压电平	开	
撞车触发器	关	
所有左转向灯	关	
所有右转向灯	关	
主光灯	关	
近光灯	关	
位置灯	关	
延时	开	
PWM 输出	关	
左前窗上升输出	关	
左前窗下降输出	关	
右前窗上升输出	关	
右前窗下降输出	关	
左后窗上升输出	关	
左后窗下降输出	关	
右后窗上升输出	关	
右后窗下降输出	关	
车门解锁	关	
门锁止	关	
行李舱	关	
镜面折叠	关	
镜子展开	关	
锁定系统指示 LED	关	
前慢刮水器	关	
前快刮水器	关	
后刮水器	关	
后清洗	关	
前清洗	关	
喇叭	关	
钥匙枪管锁	开	
ICM 唤醒	关	
换挡锁止	关	
车辆速度(从 CAN)	0	km

名　　称	当　前　值	单　　位
发动机转速(从 CAN)	1000	r/min
电池电压	14	V
ODO(从 CAN)	＊＊＊＊＊	km
ODO(在 BCM)	＊＊＊＊＊	r/min
PWM 值	＊＊＊＊＊	
已学习钥匙个数	＊＊＊＊＊	
当前线圈范围内已探测钥匙的编号	＊＊＊＊＊	
射频帧格式错误标志	＊＊＊＊＊	
射频校验和错误标志	＊＊＊＊＊	
发现线圈范围内的钥匙	＊＊＊＊＊	
发现线圈范围内的有效钥匙	＊＊＊＊＊	
检测到的射频钥匙 ID	＊＊＊＊＊	
接收到的最后一个按钮	＊＊＊＊＊	
最后按压类型	＊＊＊＊＊	
射频帧计数	＊＊＊＊＊	

(二) 比亚迪·唐混合动力汽车检测数据一览表

国产混合动力汽车主要有比亚迪秦、唐、宋等,上汽荣威 E550、950、ERX5 等。下面数据表是以使用比亚迪 VDS1000 诊断仪对比亚迪·唐车进行静态检测,读取获得的数据,包括 DC 总成数据(表2-5)、车身控制器数据(表2-6)、车载充电器数据(表2-7)、低压电池管理系统数据 (表2-8)、电池管理系统数据(表2-9)、后驱动电机控制器数据(表2-10)、空调水加热器数据 (表2-11)、空调压缩机控制器数据(表2-12)和前驱动电机控制器数据(表2-13)。

1. DC 总成数据(表2-5)

比亚迪·唐车 DC 总成检测数据　　　　表2-5

数　据　项	数　据　值	单　　位	最　小　值	最　大　值
发电机状态	正常			
发动机状态	停止			
放电是否允许	允许			
DC 系统故障状态	正常			
DC 工作模式	降压状态			
高压侧电压	700	V	0	1000
低压侧电压	14.1	V	0	20
低压侧电流	40	A	−250	250
MOS 管温度	27	℃	−40	200

2. 车身控制器（表2-6）

比亚迪·唐车车身控制器检测数据   表2-6

数　据　项	数　据　值	单　　位	最　小　值	最　大　值
左前门灯开关检测	ON			
右前门灯开关检测	OFF			
左后门灯开关检测	OFF			
右后门灯开关检测	OFF			
行李舱门开关检测	OFF			
左前门锁状态	解锁			
左后门锁状态	解锁			
右前门锁状态	解锁			
右后门锁状态	解锁			
行李舱门锁状态	闭锁			
发动机前舱盖状态	ON			
安全带未系信号检测	未系上			
12V制动信号状态	无效			
0V制动灯开关状态	无效			
起动按钮1脚状态	未按下			
左前门中控锁闭锁开关状态	无效			
左前门中控锁解锁开关状态	ON			
IGI电状态	ON			
外后视镜折叠开关状态	AUTO			
自锁式告警开关状态	无效			
电动外后视镜翻转调节	无动作			
电动外后视镜左右选择	无效			
门锁保护状态	正常			
前碰撞信号状态	脉冲信号正常			

3. 车载充电器数据（表2-7）

比亚迪·唐车车载充电器检测数据   表2-7

数　据　项	数　据　值	单　　位	最　小　值	最　大　值
故障状态	正常			
风扇状态	正常			
搭铁状态	无效数据/预留			
交流侧电压	0	V	0	300
直流侧电压	716	V	0	1000

续上表

数 据 项	数 据 值	单 位	最 小 值	最 大 值
直流侧电流	0.3	A	−30	30
交流侧频率	1	Hz	0	255
PWM 被占空比	0	%	0	100
12V 输出电流	0.3	A	0	20
12V 输出电流	13.6	V	0	20
VTOL 放电状态	无请求			
车载充电功率状态	正常充电功率			
交流外充电设备故障状态	正常			
交流外充搭铁状态	正常			
限功率放电状态	正常			
应急充电是否允许	允许			
本次累计充电量	0	kW·h	0	131.07
交流侧功率	0	W	0	10000

4. 低压电池管理系统数据（表2-8）

比亚迪·唐车低压电池管理系统检测数据　　表2-8

数 据 项	数 据 值	单 位	最 小 值	最 大 值
放电是否允许	允许			
磷酸铁锂电池故障报警	磷酸铁锂电池正常			
SOC 过低请求充电命令	正常			
充放电状态	放电状态			
总电压	13.9	V	10	16
1 号单体电压	3.4	V	0	25.5
2 号单体电压	3.4	V	0	25.5
3 号单体电压	3.4	V	0	25.5
4 号单体电压	3.4	V	0	25.5
电流	−1	A	−100	150
平均温度	26	℃	−60	160
负极柱温度	26	℃	−60	160
MOS 温度	32	℃	−60	160

5. 电池管理系统数据（表2-9）

比亚迪·唐车电池管理系统检测数据　　表2-9

数 据 项	数 据 值	单 位	最 小 值	最 大 值
SOC	98	%	0	100
电池组当前总电压	719	V	0	750

续上表

数　据　项	数　据　值	单　　位	最　小　值	最　大　值
电池组当前总电流	0.3	A	−500	500
最大允许充电功率	17.2	kW	0	500
充电次数	1172			
最大允许放电功率	287.6	kW	0	500
累计充电电量	11891	A·h		
累计放电电量	11024	A·h		
累计充电电能	7705	kW·h		
累计放电电能	7143	kW·h		
历史顶端压差	208	mV		
历史底端压差	216	mV		
绝缘阻值	65535	kΩ	0	5000
放电是否可允许	不允许		0	5000
充电感应信号（交流）	无			
预充状态	未预充			
主接触器状态	断开			
负极接触器状态	断开			
预充接触器状态	断开			
分压接触器 1 状态	吸合			
分压接触器 2 状态	吸合			
高压互锁 1	未锁止			
高压互锁 2	未锁止			
高压互锁 3	未锁止			
高压系统状态	正常			
最低电压电池编号	41		1	256
最低单节电池电压	3.329	V	0	5
最高电压电池编号	22		1	256
最高单节电池电压		V	0	
最低温度号	8		0	256
最低温度	22	℃	−40	160
最高温度号	8		0	256
最高温度	22	℃	−40	160
电池组平均温度	22	℃	−40	160
向上均衡出发次数	0			
向下均衡出发次数	0			
均衡状态	无效数据/预留			

数 据 项	数 据 值	单 位	最 小 值	最 大 值
智能充电	允许			
用电设备工作状态	不允许			
VTOL 放电命令	无效数据/预留			
车内插座命令	无效数据/预留			
主动播放命令	不允许			
电池包实际 SOC 标定值	97.72			
BIC1 最低电压电池编号	12		1	256
BIC1 最低单节电池电压	3.331	V	0	5
BIC1 最高电压电池编号	1		1	256
BIC1 最高单节电池电压	3.332	V	0	5
BIC1 最低温度电池号	1		1	256
BIC1 最低单节电池温度	22	℃	−40	160
BIC1 最高温度电池号	2		1	256
BIC1 最高单节电池温度	23	℃	−40	160
……	4		1	256
BIC10 最低电压电池编号	5		1	256
BIC10 最低单节电池电压	3.33	V	0	5
BIC10 最高电压电池编号	3		1	256
BIC10 最高单节电池电压	3.332	V	0	5
BIC10 最低温度电池号	1		1	256
BIC10 最低单节电池温度	23	℃	−40	160
BIC10 最高温度电池号	1		1	256
BIC10 最高单节电池温度	23	℃	−40	160

6. 后驱动电机控制器数据（表2-10）

比亚迪·唐车后驱动电机控制器检测数据　　　　　表2-10

数 据 项	数 据 值	单 位	最 小 值	最 大 值
起动允许	允许起动			
防盗解除状态	解除成功			
主动泄放状态	未泄放			
前舱门状态	关闭			
动力系统状态	正常			1000
母线电压	722	V	0	15000
转速	0	r/min	−15000	500
转矩	0	N·m	−500	200

续上表

数 据 项	数 据 值	单 位	最 小 值	最 大 值
功率	0	kW	−100	160
冷却液温度	24	℃	−40	160
IPM 散热器温度	24	℃	−40	160
电机温度	10	℃	−40	1000
IGBT 温度	24	℃	0	1000
A 相电流	2	A	0	1000
B 相电流	1	A	0	1000
C 相电流	1	A	0	100
过载系数	100	%	0	
旋变状态	正常			
过流状态	正常			
IPM 状态	正常			

7. 空调水加热器数据（表 2-11）

比亚迪·唐车空调水加热器检测数据 表 2-11

数 据 项	数 据 值	单 位	最 小 值	最 大 值
PTC 预置挡位	0		0	100
PTC 实际挡位	0		0	100
右侧散热片温度	25	℃	0	170
冷却液温度	31	℃	0	170
IG2 低压电源电压	14	V	0	24
负载高压电源	711	V		

8. 空调压缩机控制器数据（表 2-12）

比亚迪·唐车空调压缩机控制器检测数据 表 2-12

数 据 项	数 据 值	单 位	最 小 值	最 大 值
压缩机实际状态	停止			
压缩机目标转速	0	r/min	0	10000
压缩机实际转速	0	r/min	0	10000

续上表

数 据 项	数 据 值	单 位	最 小 值	最 大 值
负载电压	713	V	0	2000
负载电流	0	A	0	31
压缩机当前功率	0	W	0	10000
IPM/GBT 温度	2.5	℃	−100	155
压缩机壳体温度	0	℃	−100	155
本次上电压缩机故障重启数	0		0	255

9. 前驱动电机控制器数据（表 2-13）

比亚迪·唐车前驱动电机控制器检测数据　　　　　表 2-13

数 据 项	数 据 值	单 位	最 小 值	最 大 值
功率	0	kW	−100	200
加速踏板深度	0	%	0	100
制动踏板深度	0	%	0	100
冷却液温度	24	℃	−40	160
IPM 散热器温度	24	℃	−40	160
电机温度	17	℃	−40	160
IGBT 温度	24	℃	−40	160
A 相电流	1	A	0	1000
B 相电流	1	A	0	1000
C 相电流	1	A	0	1000
过载系数	100	%	0	100
后驱目标转矩	0	N·m	−500	500
发动机目标转矩	0	N·m	−500	500
OK 灯信息	点亮			
后驱防盗状态	解除成功			
EPB 状态	锁止			
旋变状态	正常			
IPM 状态	正常			

数 据 项	数 据 值	单 位	最 小 值	最 大 值
过流状态	正常			
电里程	15790	km		
总里程	41441	km		
前驱电机系统配置类型	四驱			
发动机起动原因	正常			
整车车速	0	km/h	0	300
前电机目标挡位	EV2			
前电机实际挡位	EV2			

四、新能源汽车故障诊断策略

（一）高压安全防范

新能源汽车上的高压电在300V以上,比亚迪混合动力汽车的电压可以超过600V,商用车的电压可以达到800V,所以一定要加强安全防范措施,严格按照高压安全操作规范操作,切不可抱有无所谓的态度,也不可以为了赶时间把安全抛到脑后。新能源汽车高压系统,包括动力电池、转换电路、驱动电机系统、控制系统、高压线路等,高压线束和接插件外表采用橙色,高压部件上加以标记。维修前要观察一遍,在心中敲响安全警钟,防患于未然。

（1）在维修前换挡杆置"P"挡,驻车制动。

（2）穿戴规定着装,准备好高压绝缘专用工具。

（3）禁止佩戴项链、手表、手链、戒指等金属物件。

（4）在维修高压部件时,戴好专用高压绝缘手套,使用高压绝缘胶垫,禁止带电作业。

（5）在维修高压部件前,先关闭钥匙开关,断开低压蓄电池负极电缆,带上绝缘手套,拔出高压安全维修开关,将绝缘胶带密封好,放入维修人员的口袋中。高压部件母件应使用绝缘胶带缠绕,防止触电或短路。

（6）断开高压安全维修开关后等待5min,再用万用表检测需要维修的高压部件的输入和输出每一个相电压,读数必须小于规定值(一般小于3V),否则应使用专用放电棒对该部件进行放电,当电压完全消失后方可进行检测诊断操作。不同厂商生产的新能源汽车维修有"断电、验电和放电"的操作流程及标准。

（二）新能源汽车故障诊断基本策略

新能源汽车与传统内燃机汽车有很大的差别,为了确保新能源汽车的安全操作、使用和维修,新能源汽车上还采用高压互锁技术。当带有高压电源的部件发生故障而可能影响安全操作使用时,控制系统将中断整个驱动系统的工作;纯电动汽车驱动电机不允许运转,混合动力汽车的发动机不允许起动运行。这时控制系统会报系统故障或高压断路故障,仪表板上的高压系统警告灯会点亮。

掌握新能源汽车的故障诊断基本策略十分重要,有助于快速、准确地诊断故障。新能源汽车故障诊断基本策略如图 2-12 所示。

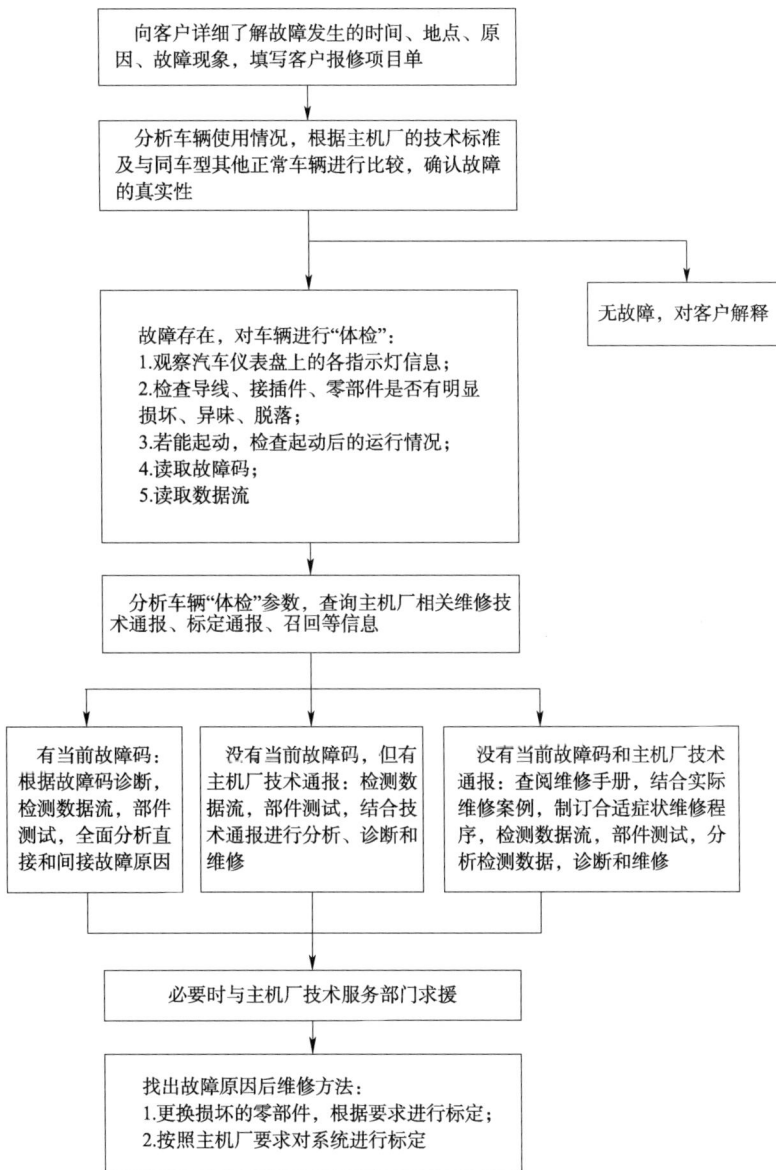

图 2-12　新能源汽车故障诊断基本策略

(三)诊断仪的使用

不同新能源汽车生产厂针对自己生产的汽车设计功能和操作技术要求,所以不同的新能源汽车诊断仪操作使用方法不完全相同,但基本功能框架基本相同,如图 2-13 所示。

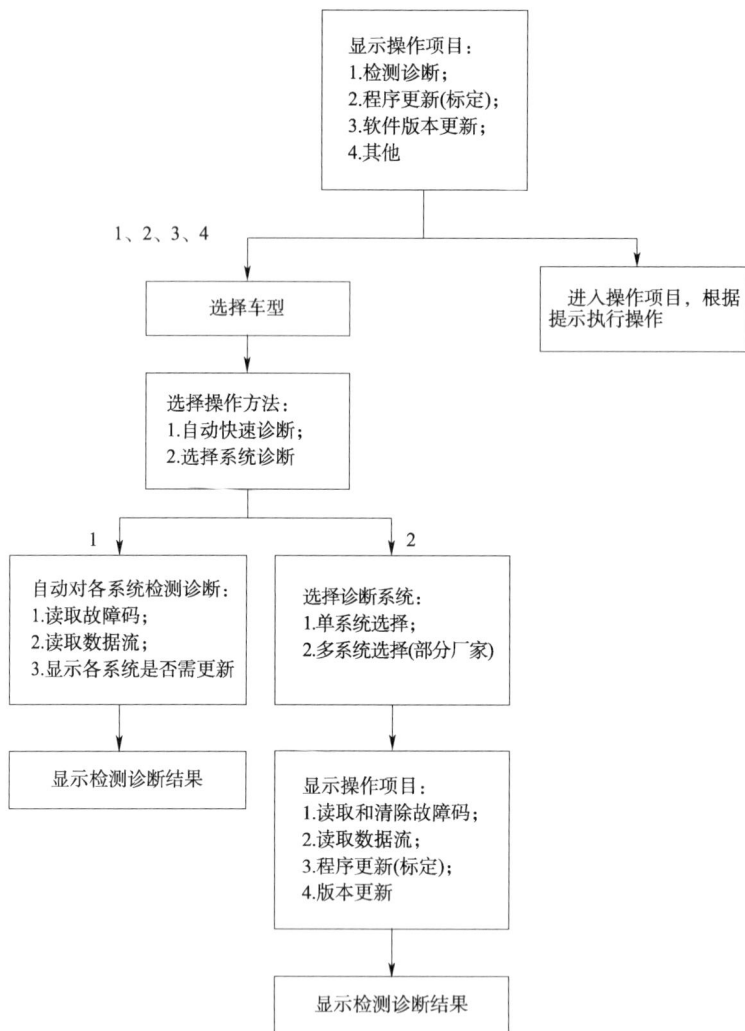

图 2-13　诊断仪的基本操作流程

技能实训

实训项目一　钳形电流表和手摇绝缘兆欧表的使用

(一) 实训目的

(1)学会钳形电流表的操作使用方法;

(2)学会绝缘兆欧表的操作使用方法。

(二) 安全文明操作及注意事项

(1)严格按照钳形电流表和绝缘兆欧表的操作规范进行操作；

(2)严格自觉执行高压电安全防护操作规范；

(3)未经指导教师许可,不能随意起动运行汽车；

(4)严格执行汽车维护设备和工具的安全操作规范；

(5)自觉执行5S管理。

(三) 实训设备、工具和耗材

(1)电控汽油车整车或台架、纯电动汽车整车或台架、混合动力汽车整车或台架、三相异步电动机；

(2)钳形电流表、数显绝缘兆欧表；

(3)高压防护套装、绝缘垫；

(4)举升机、工具车、绝缘工具、拆检工具、试灯；

(5)汽车维修护垫三件套、车内三件套、抹布。

(四) 作业单:钳形电流表和数显绝缘兆欧表的使用

姓名:_____　　　班级:_____　　　　学号:_____

实训车型:_____　　　　　　　17 位 VIN 码:_____

钳形电流表型号:_____　　　　数显绝缘兆欧表型号:_____

1. 钳形电流表的操作使用

(1)检测低压蓄电池(12V)的输入/输出电流,填写表2-14。

检测低压蓄电池的输入/输出电流　　　　　　　　　　表2-14

汽车类别	检测条件	主要负载	输入/输出电流(A)
电控汽油车	接通点火开关,打开前照灯	前照灯	
	起动发动机时	起动机	
	发动机运行2000r/min	发电机向蓄电池充电	
纯电动汽车	接通电源开关,打开前照灯		
	电动机运转		
	外接充电机进行充电		
混合动力汽车	接通点火开关,打开前照灯		
	起动发动机时		
	怠速时		
	发动机运行2000r/min		
	外接充电机充电		

（2）检测动力电池的输出电流，填写表2-15。

检测动力电池的输入/输出电流 表2-15

汽车类别	检测条件	主要负载	输入/输出电流（A）
纯电动汽车	接通电源开关，打开前照灯		
	电动机运转		
	外接充电机进行充电		
混合动力汽车	接通点火开关，打开前照灯		
	起动发动机时		
	怠速时		
	发动机运行2000r/min		
	外接充电机进行充电		

2. 数显绝缘兆欧表的使用

（1）用数显绝缘兆欧表检测三相异步电动机的绝缘性能，填写表2-16。

检测三相异步电动机的绝缘性能 表2-16

	工作内容	工作方法	备注
检测前的准备工作			
检测三相异步电动机			
检测项目	检测方法	检测值	备注

（2）用数显绝缘兆欧表检测高压导线的绝缘性能，填写表2-17。

检测高压导线的绝缘性能 表2-17

	工作内容	工作方法	备注
检测前的准备工作			
检测高压导线的绝缘性能			
检测项目	检测方法	检测值	备注

续上表

检测高压导线的绝缘性能			
检测项目	检测方法	检测值	备注

实训项目二　诊断仪的使用与检测数据分析(纯电动汽车)

(一)实训目的

(1)学会典型诊断仪的操作使用方法;
(2)能够用诊断仪读取和分析纯电动汽车的故障码和数据流。

(二)安全文明操作及注意事项

(1)严格按照诊断仪的操作规范进行操作;
(2)严格自觉执行高压电安全防护操作规范;
(3)未经指导教师许可,不能随意起动运行汽车;
(4)严格执行汽车维护设备和工具的安全操作规范;
(5)自觉执行5S管理。

(三)实训设备、工具和耗材

(1)纯电动汽车整车(北汽EV160/200纯电动汽车,或比亚迪e5、e6纯电动汽车,荣威e50,或其他纯电动汽车);
(2)与实训车辆相配对的诊断仪(北汽BDS诊断仪、比亚迪EDC1000、荣威诊断仪、元征系能源汽车诊断仪等)、万用表、试灯;
(3)高压防护套装、绝缘垫;
(4)举升机、工具车、绝缘工具、拆检工具、试灯;
(5)汽车维修护垫三件套、车内三件套、抹布。

(四)作业单:诊断仪的操作使用(纯电动汽车)

姓名:_____　班级:_____　学号:_____
实训车型:_____　17位VIN码:_____
纯电动汽车车型:_____　汽车上诊断座位置:_____
诊断仪型号:_____

1.读取和清除故障码
(1)写出读取和清除纯电动汽车故障码的操作内容,填写表2-18。

读取和清除纯电动汽车故障码的操作方法　　　　　　　　　　　　　表 2-18

操作步骤序号	操作内容和方法	操作说明与安全注意事项

（2）将读取的纯电动汽车故障码填入表 2-19。

记录纯电动汽车故障码　　　　　　　　　　　　　表 2-19

系统	故障码	故障码含义	故障码解释

（3）执行清除故障码操作,然后再次读取纯电动汽车故障码,填写在表 2-20 中。

再次读取纯电动汽车故障码　　　　　　　　　　　　　表 2-20

系统	故障码	故障码含义	分析原因

2. 读取数据流并填表

读取纯电动汽车各系统的数据流,填入表 2-21。

读取纯电动汽车数据流　　　　　　　　　　　　　表 2-21

检测系统	数据名称	检测值(单位)	规定值(单位)
整车控制器	供电电压		
	加速踏板开度		
	制动踏板信号		
	挡位信号		
	整车模式变量		

续上表

检测系统	数据名称	检测值(单位)	规定值(单位)
动力电池系统	动力电池内部总电压		
	动力电池充放电电流		
	高压互锁状态		
	动力电池充电请求		
驱动电机模块	驱动电机工作模式命令		
	驱动电机转矩、转速指令方向命令		
	转子位置电角度		
	转子位置初始角度		
	MCU 低压供电电源电压		
	转子位置电角度		
实训体会			
教师点评			

实训项目三　诊断仪的使用与检测数据分析(混合动力汽车)

(一)实训目的

(1)学会典型诊断仪的操作使用方法;
(2)能够用诊断仪读取和分析混合动力汽车的故障码和数据流。

(二)安全文明操作及注意事项

(1)严格按照诊断仪的操作规范进行操作;
(2)严格自觉执行高压电安全防护操作规范;
(3)未经指导教师许可,不能随意起动运行汽车;
(4)严格执行汽车维护设备和工具的安全操作规范;
(5)自觉执行5S管理。

(三)实训设备、工具和耗材

(1)混合动力汽车整车(比亚迪混合动力汽车、荣威混合动力汽车,或其他混合动力汽车);

(2)与实训车辆相配对的诊断仪(比亚迪 EDC1000、荣威诊断仪、元征系能源汽车诊断仪等)、万用表、试灯;

(3)高压防护套装、绝缘垫;

(4)举升机、工具车、绝缘工具、拆检工具、试灯;

(5)汽车维修护垫三件套、车内三件套、抹布。

(四)作业单:诊断仪的操作使用(混合动力汽车)

姓名:_____　　班级:_____　　学号:_____

实训车型:_____　　17 位 VIN 码:_____

混合动力汽车车型:_____　　汽车上诊断座位置:_____

诊断仪型号:_____

1. 读取和清除故障码

(1)写出读取和清除混合动力汽车故障码的操作内容,填写表 2-22。

读取和清除混合动力汽车故障码的操作内容和方法　　　　　　表 2-22

操作步骤序号	操作内容和方法	操作说明与安全注意事项

(2)将读取的混合动力汽车故障码填入表 2-23。

读取混合动力汽车故障码　　　　　　表 2-23

系统	故障码	故障码含义	故障码解释

(3)执行清除故障码操作,然后再次读取混合动力汽车故障码,填入表 2-24。

再次读取混合动力汽车故障码 表2-24

系　统	故　障　码	故障码含义	分　析　原　因

2. 读取数据流并填表

读取混合动力汽车各系统的数据流,填入表2-25。

读取混合动力汽车数据流 表2-25

检测系统	数　据　名　称	检测值(单位)	规定值(单位)
DC 总成	DC 系统故障状态		
	DC 工作模式		
	高压侧电压		
	低压侧电压		
	低压侧电流		
车载充电器数据	交流侧电压		
	直流侧电压		
	直流侧电流		
	交流外充电设备故障状态		
电池管理系统	SOC		
	电池组当前总电压		
	电池组当前总电流		
	高压互锁 1		
	最低单节电池电压		
	最高单节电池电压		
	最低单节电池温度		
	最高单节电池温度		
实训体会			
教师点评			

模块小结

(1)纯电动汽车主要使用诊断仪对各系统检测诊断,但对具体的导线、接插件和元器件还要使用万用表和试灯。

(2)钳形电流表可以测试直流电流和交流电流。

(3)各新能源汽车厂商使用的诊断仪都不相同,但基本操作使用方法是相同的。

(4)诊断仪具有读码和清码、读取数据流、版本更新、程序更新(标定)等功能。

(5)故障码有历史故障码和现行故障码,清除故障码后再次读取消失的故障码是历史故障码,仍存在的是当前故障码。

(6)分析数据流首先要了解该数据的定义、规定范围值,造成数据不正常可能是该零部件本身损坏,也可能是导线、接插件、其他零部件或其他系统造成的。

思考与练习

(一)填空题

1.万用表可以检测电动汽车的_____、_____、_____、但不能检测_____、_____、_____。

2.北汽 VDS 诊断仪可以检测_____车系和_____车系,能够检测北汽 EV160 纯电动汽车的_____个系统。

3.诊断仪可以读取电动汽车的_____故障码和_____故障码。

4.北汽 VDS 诊断仪读取数据流的状态有_____、_____和 N/A,N/A 表示_____。

5.进入北汽 VDS 诊断仪主菜单,可以选择_____、_____、_____、_____四个操作功能。

6.比亚迪 VDS1000 诊断仪由_____、_____和_____组成。诊断仪可以检测所有的比亚迪_____汽车和_____汽车。

7.质量比能量是指单位_____所能输出的能量,单位是_____。体积比能量的单位是_____。

8._____功率表示电动机在额定工作状态下运行时转轴上输出的机械功率,单位用_____或_____表示。

(二)判断题

1.使用万用表可以检测电动汽车的各类高压电和低压电。   (　　)

2.使用万用表检测高压电是必须穿戴防护用具。   (　　)

3.诊断仪具有读取和清除故障码、读取数据流、程序更新等功能。   (　　)

4. 当电动汽车不能起动运行时,首先应用诊断仪读取当前故障码和数据流并进行分析。

                                                        ( )

5. 北汽 VDS 诊断仪不能对北汽的电控汽油发动机进行检测。( )

6. 比亚迪 VDS1000 能够显示所有需要更新的系统。( )

7. X-431 EV 诊断仪能检测 12V 新能源车型的电控系统,可以检测比亚迪和北汽的新能源车系。( )

8. 汽车在行驶中不能用诊断仪进行检测。( )

9. 所有诊断仪都必须在有网络系统的环境下使用。( )

10. SOC 表示动力电池的实际容量。( )

11. 万用表连续性测量方法只能判断通或断,不能判断导线、开关的性能好坏。( )

12. 汽车电气维修检测起动电流和充电电流常用数字式交流钳形电流表。( )

(三) 简答题

1. 如何操作北汽 VDS 诊断仪检测整车控制系统(MCU)?

2. 如何操作比亚迪 VDS1000 诊断仪检测驱动电机系统?

3. 简述使用诊断仪的注意事项。

4. 简述万用表在新能源汽车检测中的作用。

模块三 纯电动汽车故障诊断与分析

学习目标

1. 能够描述纯电动汽车检测与故障诊断作业的安全注意事项;
2. 知道纯电动汽车组成与整车故障诊断基本方法;
3. 能够叙述动力电池与管理系统的常见故障原因与诊断思路;
4. 能够叙述驱动电机与控制系统的常见故障原因与诊断思路;
5. 能够叙述整车控制系统和充电系统的常见故障原因与诊断思路;
6. 学会纯电动汽车故障分析和检测能力;
7. 学会纯电动汽车典型故障诊断与排除方法。

建议课时:6~8课时。

一、纯电动汽车故障诊断概述

"纯电动汽车"包括纯电动和增程式(具备外接充电功能的串联式混合动力)乘用车。本模块主要简述"纯电动乘用车"的故障诊断。

电机、电池与电控的"三电"技术是新能源汽车的核心技术。纯电动汽车没有传统的燃料发动机,完全由可充电电池(如镍镉电池、镍氢电池或锂离子电池)提供动力源,用电机驱动车辆行驶。《新建纯电动乘用车企业管理规定》文件指出了纯电动汽车的"双百规定",最高车速大于100km/h,综合工况纯电续驶里程大于100km。其是评判能否进入工信部新能源车推广目录的关键标准之一。

纯电动汽车主要由电源系统(高压电源、低压电源)、动力驱动与控制系统(电机、减速器、差速器、控制器)、车身、底盘、电器及安全保护系统等构成,对不同品牌的纯电动汽车,基本组成是相同的,但总成部件、电路与线束、控制系统会有所不同,所以应在掌握纯电动汽车的基本结构和原理的基础上,再结合具体车型进行深入学习。

(一)诊断纯电动汽车故障的基本方法

由于纯电动汽车驱动系统与传统内燃机汽车完全不同,所以故障分析与诊断的具体方法也有所不同。纯电动汽车底盘系统与传统内燃机汽车底盘系统是基本相同的,所以故障分析与诊断方法也基本相同。

判断纯电动汽车的故障,首先要了解被检车辆的具体车型,了解结构组成与特点。不同车系的纯电动汽车虽然在组成部件和基本工作原理方面是基本相同的,但是具体控制系统和部件是有差别的,所以故障原因及检测诊断的具体方法不会完全一样。

其次要了解故障在什么情况下发生,要分析故障是属于低压故障还是高压故障,从而缩小故障检测诊断的范围。

纯电动汽车的故障诊断基本方法如图 3-1 所示。

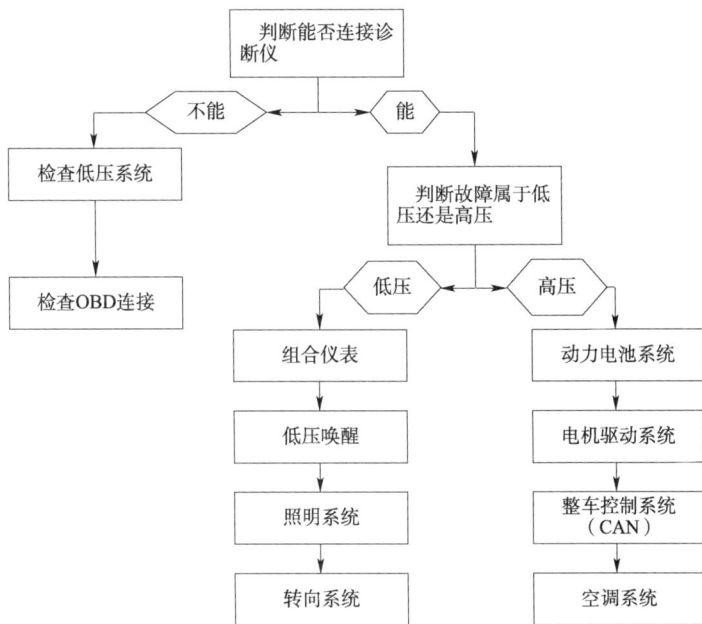

图 3-1　纯电动汽车的故障诊断基本方法

(二)纯电动汽车常见故障现象与原因

由于纯电动汽车的总体结构比传统汽车和混合动力汽车简单,纯电动汽车由独立的动力源和驱动系统组成,因此常见的故障现象也相对简单得多。纯电动汽车最常见的故障现象有:车辆无法起动、续航里程缩短、无法监控电池状况、加速无力等。

纯电动汽车上述常见故障的原因大部分都是"电"故障,常见故障包含下述内容:

(1)动力电池和电池管理系统:动力电池系统故障、动力电池管理系统故障、动力电池电路故障和充电系统故障、动力电池组冷却系统泄漏故障、电子水泵故障等;

(2)电机与电机管理系统:驱动电动机故障、驱动电机控制系统故障、驱动电机冷却系统故障;

(3)整车管理系统:CAN 通信故障、整车控制器故障、整车控制线路故障;

(4)低压电源系统:低压唤醒故障、DC-DC 故障、低压电路故障等;

(5)空调系统:空调控制策略逻辑错误、PTC 故障、电动压缩机及其他器件故障等;

（6）制动系统：EPS 系统故障、电动真空泵故障；

（7）电路故障：熔断丝、继电器或线路短路等导致的故障。

纯电动汽车常见故障除了"三电"故障之外，也有机械方面的故障，如减速器润滑油不足、减速器轴承损坏或磨损、减速器齿轮损坏或磨损、减速器输入轴油封磨损或损坏、差速器油封磨损或损坏、油塞处漏油、拨叉变形或损坏、接合齿或齿套失效、操纵机构安装不当或损坏、齿轮油加注过多等。

二、驱动系统故障原因分析

1. 驱动电机故障

驱动电机本身故障会造成电机不能运转、电机运转无力、电机过热、电机运行有噪声等故障，驱动电机本体故障模式如图 3-2 所示。

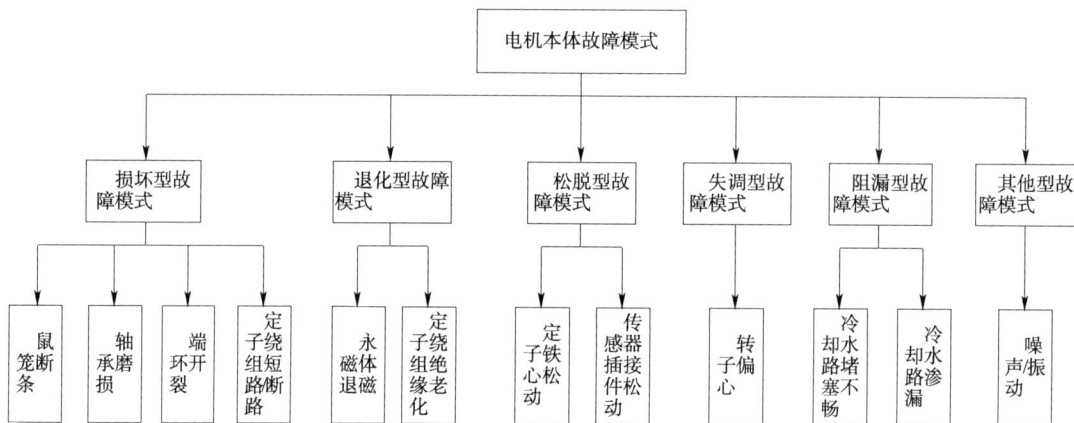

图 3-2　驱动电机本体故障

2. 电机控制器故障

驱动电机控制器本身故障会造成不能控制电机运转或运转方向、运转缓慢无力、运转不受控等故障。驱动电机控制器故障模式如图 3-3 所示。

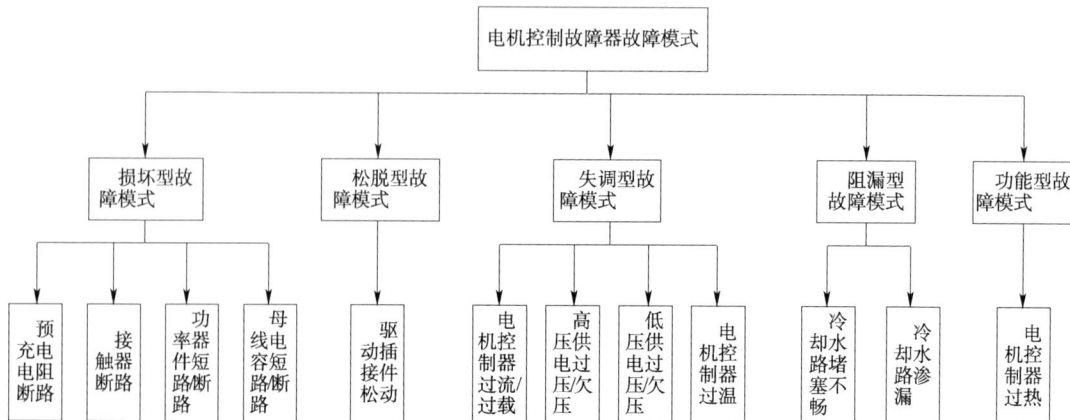

图 3-3　驱动电机控制器故障

三、动力电池与电源管理系统常见故障原因与分析

动力电池提供几百伏直流电源,通过高压控制器(高压配电箱)输出三百多伏的交流电,经过驱动电机控制器提供给驱动电机做工作电源;提供高压电式空调压缩机和PTC加热器的工作电源;同时经过DC/DC转换器输出低压直流电源给低压蓄电池充电;外接快、慢充充电器可以给动力电池充电。

动力电池管理系统BMS是电动汽车上管理车载动力电池的重要部件,其主要功能包括:电池物理参数的实时监测,电池充电和健康状态估计,在线诊断与预警,充、放电与预充控制,均衡管理和热管理,过压、过流、温度保护,基本参数设置等。

动力电池与电源管理系统常见故障有单体电池故障、线路或连接件故障和动力电池管理系统故障。

1. 单体电池故障

单体电池常见故障有三种:

1)电池性能下降,但能正常使用,无须更换

故障变现为单体电池SOC偏低和单体电池SOC偏高。如果单体电池SOC偏低,则该电池在汽车行驶过程中,电压最先达到放电截止电压,使得电池组实际容量降低,应对该单体电池进行补充充电。如果单体电池SOC偏高,则该电池在充电末期最先达到充电截止电压,影响充电容量,需对该单体电池进行单独补充放电。

2)电池性能衰退严重,应立即更换

故障表现为单体电池容量不足和单体电池内阻偏大。在电池组中,最小的单体电池容量也限制了整个电池组的容量,因此发生单体电池容量不足故障会影响车辆续驶里程。锂离子电池内阻如果过大,会严重影响电池的电化学性能,如充放电过程中的极化严重、活性物质利用率低、循环性能差等。

3)影响行车安全的其他故障

其他故障表现为单体电池内部短路,单体电池外部短路,单体电池极性反向等以及在强振动下锂离子电池的极耳、极片上的活性物质、接线柱、外部连线和焊点可能会折断或脱落,造成单体电池内部短路或者外部短路故障。

通常情况下,造成单体电池前两种故障的原因有两个:一是动力电池成组时单体电池的一致性问题,单体电池的SOC、容量、内阻本身存在差异;二是单体电池在成组应用过程中因为应用环境差异(如温度、充放电电流)造成的一致性差异增加,加剧单体电池的不一致性。

2. 动力电池管理系统故障

动力电池管理系统对于保障电池组的安全及使用寿命,最大限度发挥电池系统效能具有重要作用。动力电池管理系统通常对单体电池电压、总电压、总电流和温度等进行实时监控采样,并将实时参数反馈给整车控制器。动力电池管理系统除了对电池性能参数进行监控、实施电性能管理以外,还具有热管理为主的应用环境管理,实施对电池的加热和冷却,确保电池的良好应用环境温度以及温度场的一致性。若电池管理系统发生故障,就

失去对电池的监控,不能估算电池的 SOC(及 SOH),容易导致电池的过充、过放、过载、过热以及不一致性问题增加,不仅影响电池的性能、使用寿命和行车安全,极端情况下甚至引发火灾。

动力电池管理系统故障包括 CAN 通信故障、总电压测量故障、单体电压测量故障、温度测量故障、电流测量故障、继电器故障、加热器故障和冷却系统故障等。

3.线路或连接件故障

线路或连接件故障的诊断,对于确保行车安全和整车的可靠性也非常重要。例如,由于车辆振动,造成电池间的连接螺栓松动,电池间连接电阻增大,发生电池间虚接故障,以致电池组内部能量损耗增加,造成车辆动力不足和续驶里程缩短,在极端情况下还能引起高温,产生电弧,熔化电池电极和连接片,甚至造成电池着火等极端电池安全事故。

在电动汽车运行过程中,单体电池之间可能发生相对位移,造成两电池间的连接片折断。电池箱与电动汽车的电器连接也是故障的高发点,电插接器在经历长时间振动后容易产生虚接,出现烧蚀、接触不良等故障。动力电池及管理系统常见故障及处理方法见表3-1。

动力电池与电源管理系统除上述三类故障之外,还有热管理问题(预热及冷却系统)的故障。

动力电池及管理系统常见故障及处理方法 表3-1

	故障现象	故障后果	处理方法
单体电池	单体电池 SOC 偏低	电池组容量降低,电动汽车续驶里程短	对单体电池单独充电
	单体电池 SOC 偏高		对单体电池单独放电
	单体电池容量不足	电池组充电不足、使用寿命减少,电动汽车续驶里程短	更换单体电池
	单体电池内阻偏大	电池组充电不足、使用寿命减少,电动汽车动力不足、续驶里程短	
	单体电池过充电	电池内部短路、电池热失控,严重时会起火、爆炸	检查电池管理系统
	单体电池过放电		
	单体电池内部短路	电池热失控严重时会起火、爆炸	更换单体电池
	单体电池外部短路		排除短路故障、更换单体电池
	单体电池极性装反		更换单体电池
电池管理系统	CAN 通信故障	无法监控电动汽车	检查 CAN 网络
	总电压测量故障	无法监控总电压	检查总电压测量模块
	单体电压测量故障	无法监控单体电压	检查单体电压测量模块
	温度测量故障	无法监控电池温度	检查温度测量模块
	电流测量故障	无法监控电池电流	检查电流测量模块
	冷却系统故障	电池温度偏高	检查冷却风扇控制电路

	故障现象	故障后果	处理方法
线路	电池间虚接	电动汽车动力不足、续驶里程短	紧固电池连接
	电池间断路	电动汽车无法起动	检查电池连接
	快速熔断器断开		检查快速熔断器
	动力电插接器断开		检查动力电插接器
	动力电插接器虚接	插接器易烧蚀,电动汽车动力不足	
	信号电插接器故障	无法监控电动汽车	检查信号电插接器
	正极接触器故障	电动汽车无法起动	检查接触线
	负极接触器故障		检查接触线
	电源线短路	电池热失控严重时会起火、爆炸	检查电源线

四、电机与控制系统常见故障原因与分析

电机故障分为机械故障与电气故障两大类,机械方面的主要故障有定子铁芯损坏、转子铁芯损坏、轴承损坏和转轴损坏,其故障表现为因振动、润滑不充分、转速过高、静载过大、过热等原因而引起的磨损、压痕、腐蚀、电蚀和开裂;电气设备方面的故障则主要是定子绕组故障与转子绕组故障,故障表现包括电动机绕组搭铁、短路、断路、接触不良和鼠笼断条等。机械故障比较容易发现,电气故障要通过测量电压或电流进行分析判断。常见故障现象如下:

驱动电机不能运转故障。驱动系统包括电机、电机控制器、减速器等,电源、线路、CAN通信线路等。电机不能正常运行的故障有:电机本身故障、电机控制器故障、电源故障、线路故障、CAN通信线路故障等,如图3-4所示。

驱动电机常见故障现象、故障原因及处理方法见表3-2,驱动电机控制器常见故障及处理方法见表3-3。

驱动电机常见故障现象、原因及处理方法 表3-2

序号	故障现象	故障原因	处理方法
1	驱动电机在空载时不能起动	1.电源未接通; 2.逆变器控制原因; 3.定子绕组故障(短路、断路、搭铁和连接错误) 4.电源电压太低	1.检查开关、接触器触点、电机引出线头,查出故障后修复; 2.检查逆变器; 3.检查定子绕组,找出故障并修复; 4.检查电源电压和每个连接处
2	驱动电机通电后,电动机不起动,并"嗡嗡"响	1.定子,转子绕组断路; 2.绕组引出端和始末端接错或绕组内部接反; 3.电动机负载过大或被卡住; 4.电源未能全部接通	1.查明断路点进行修复; 2.定子绕组中通入直流电,检查绕组极性,判断绕组首末端是否正确; 3.检查设备,排除故障; 4.紧固接线柱松动的螺钉,用万用表检查电源线某相线或假断线或假接故障,然后修复

续上表

序号	故障现象	故障原因	处理方法
3	定子过热	1.输电线一相断线或定子绕组一相断路； 2.过载； 3.绕组匝数不对； 4.通风不良	1.按序号 1 中的处理方法 1 和 3 进行检查； 2.减少负载或增加容量； 3.检查绕组电阻； 4.检查风机是否正常
4	绝缘电阻低	1.绕组受潮或被水淋湿； 2.绕组绝缘沾满粉尘、油垢； 3.引出线绝缘老化破裂； 4.绕组绝缘老化	1.进行加热烘干处理； 2.清洗绕组油垢,并经干燥浸漆处理； 3.重新包裹引线绝缘； 4.如鉴定可用,则需清洗干净,重新涂漆处理；如鉴定不可用则更换
5	电动机振动	1.轴承磨损,间隙不合格； 2.气隙不均匀； 3.转子不平衡； 4.笼型转子导条断条； 5.定子绕组故障(短路、断路、搭铁和连接错误)； 6.转轴弯曲； 7.铁心变形或松动	1.检查轴承间隙,应符合设计要求； 2.调整气隙； 3.重新校对平衡； 4.更换转子； 5.查出绕组故障点并进行处理； 6.校正转轴； 7.校正铁心,或重新叠装铁心
6	驱动电机空载运行时空载电流不平衡,且相差很大	1.绕组首端接错； 2.电源电压不平衡； 3.绕组有故障(匝间短路,某线圈组接反等)	1.查明首末端,改正后再起动电机试验； 2.测量电源电压,找出问题后消除； 3.拆开驱动电机检查绕组极性和故障,并改正和清除故障
7	驱动电机运行时有杂音,不正常	1.轴承磨损； 2.定子、转子铁心松动； 3.电压不平衡； 4.绕组有故障(如短路、接错等)； 5.轴承缺少润滑脂； 6.气隙不均匀,定子、转子存在摩擦	1.检查并更换轴承； 2.检查松动原因,重新压装铁心； 3.测量电源电压,检查电压不平衡的原因并处理； 4.检查绕组故障并处理； 5.清洗轴承,添加规定量的润滑脂； 6.调整气隙,提高装配质量

序号	故障现象	故障原因	处理方法
8	轴承发热超过规定	1. 润滑脂过多或过少； 2. 润滑脂质量不好，含有杂质； 3. 轴承与轴配合过松或过紧； 4. 轴承与端盖配合过松或过紧； 5. 油封间隙配合过紧； 6. 轴承内盖偏心，与轴存在摩擦； 7. 电机两侧端盖或轴承盖未装平； 8. 轴承有故障、磨损、杂物等； 9. 轴承间隙过大或过小	1. 拆开轴承盖，检查油量，按规定增减润滑脂量； 2. 检查油脂内有无杂质，更换洁净的润滑脂； 3. 采取措施，使轴承与轴配合符合要求； 4. 采取措施，使轴承与端盖配合符合要求； 5. 更换或处理油封； 6. 修理轴承内盖，使之与轴配合符合要求； 7. 按正确工艺将端盖或轴承装入止口内，然后均匀紧固螺钉； 8. 更换损坏的轴承，对含有杂志的轴承要彻底清洗、换油； 9. 更换新轴承

驱动电机控制器常见故障及处理方法 表 3-3

故障码	故障说明	排除方法
1	W 相 IGBT 饱和保护	重新起动系统，如不能消除或经常发生需专业维修
2	U 相 IGBT 饱和保护	重新起动系统，如不能消除或经常发生需专业维修
3	V 相 IGBT 饱和保护	重新起动系统，如不能消除或经常发生需专业维修
100	高压欠压（预充电状态）	表示系统高压未接通；如高压已接通，而长时间没有消除，需专业维修
171	系统上电自检异常	需专业维修
190	高压过压	重新起动系统，如不能消除或经常发生需专业维修
191	旋变检测异常	检查旋变信号线，重新起动系统，如不能消除或经常发生需专业维修
192	瞬间超速保护	检查旋变信号线，重新起动系统，如不能消除或经常发生需专业维修
193	超速保护	检查旋变信号线，重新起动系统，如不能消除或经常发生需专业维修

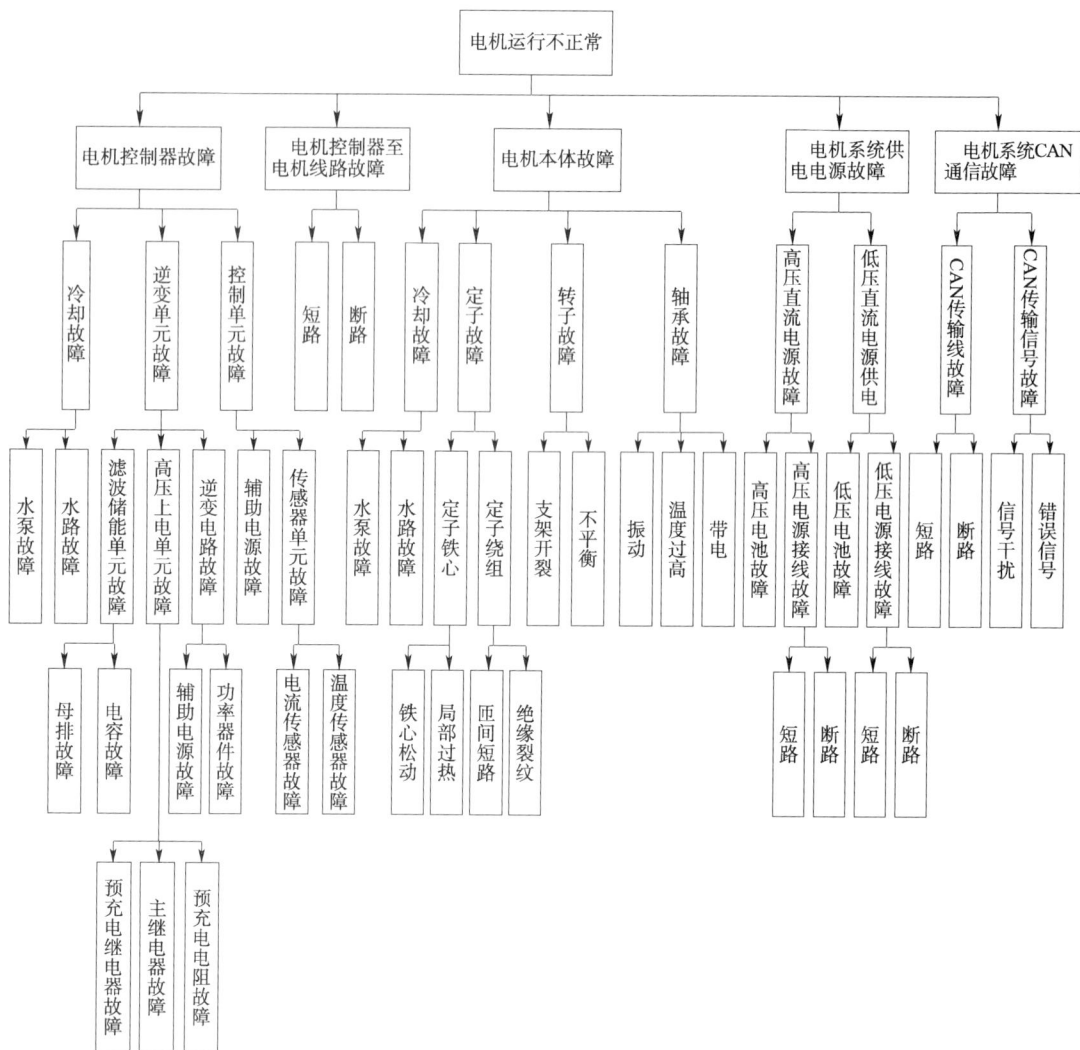

图 3-4　驱动系统故障

五、整车控制系统常见故障原因与分析

整车控制系统常见故障包括整车控制器故障、CAN 线断路故障、传感器信号错误和电源及搭铁不良等故障。

（1）整车控制器故障：整车控制器常见故障主要集中在 CAN 线上，如北汽的高速 CAN1、高速 CAN2、本地 CAN1、本地 CAN2 和 LIN 总线通信故障，有的纯电动车的 CAN 线分为高压CAN-L、高压 CAN-H、低压 CAN-L、低压 CAN-H 和 LIN 总线。

（2）控制信号故障：挡位控制器信号故障、P 挡电机故障、P 挡电机控制器故障、加速踏板位置传感器故障、制动踏板位置传感器故障、漏电传感器或绝缘监测误报等。

（3）整车控制系统电源故障：DC-DC 转换器故障、高低压线束断路或接插件损坏、高压互锁故障等。

如果传感器本身有故障或传输线路有故障,整车控制系统收不到信号或收到错误的信号,整车控制器就无法正常工作;当整车控制系统电源系统或搭铁有故障,整车控制器也不能正常工作或完全不能工作。

六、充电系统常见故障原因与分析

充电系统的常见故障主要有以下几个方面:

(1)慢速充电故障:慢速充电口故障、CC(充电连接确认线)或 CP(充电控制确认线)断路、低压唤醒故障、车载充电机故障、电池管理系统(BMS)故障、高压互锁信号断路、绝缘监测误报、CAN 通信故障、动力电池组加热故障等。

(2)快速充电故障:快速充电口故障、CC1(充电连接确认线 1)或 CC2(充电控制确认线 2)断路、低压辅助电源故障、低压唤醒故障、充电通信 CAN-L 或充电通信 CAN-H 故障、电池管理系统(BMS)故障、高压互锁信号断路、绝缘监测误报、动力电池组加热故障、高压控制盒或电子电力箱故障等。

分析诊断充电系统故障,首先要确定故障产生的条件:如果在慢速充电时产生不能充电故障或其他故障,应根据慢速充电系统检测诊断故障;如果在快速充电时产生不能充电故障或其他故障,应根据快速充电系统检测诊断故障;如果在慢速充电和快速充电时都不能充电,应对动力电池、动力电池管理系统进行检测诊断,并检查是否由于存在高压漏电等原因,促使高压互锁起作用,从而产生不能充电的故障。

七、纯电动汽车典型故障诊断与分析

(一)北汽纯电动汽车典型故障诊断与分析

故障一:北汽 EV200 空调系统不制冷故障

1.故障现象

一辆北汽 EV200 车开空调后能听到鼓风机运转声音,但没有凉风输出。

2.故障原因分析

北汽 EV200 车空调控制电路如图 3-5 所示。

根据故障原因分析:空调不制冷,但能听到鼓风机工作的声音,说明鼓风机工作正常,可以排除鼓风机及鼓风机控制线路的故障;出现空调不制冷的原因,根据故障现象一般有以下两个:

(1)风量正常,压缩机不运转造成不制冷。故障原因如下:

①制冷系统部件(温控开关、高低压开关等)或线路故障;

②电动压缩机控制线路故障;

③电动压缩机故障;

④制冷剂过少。

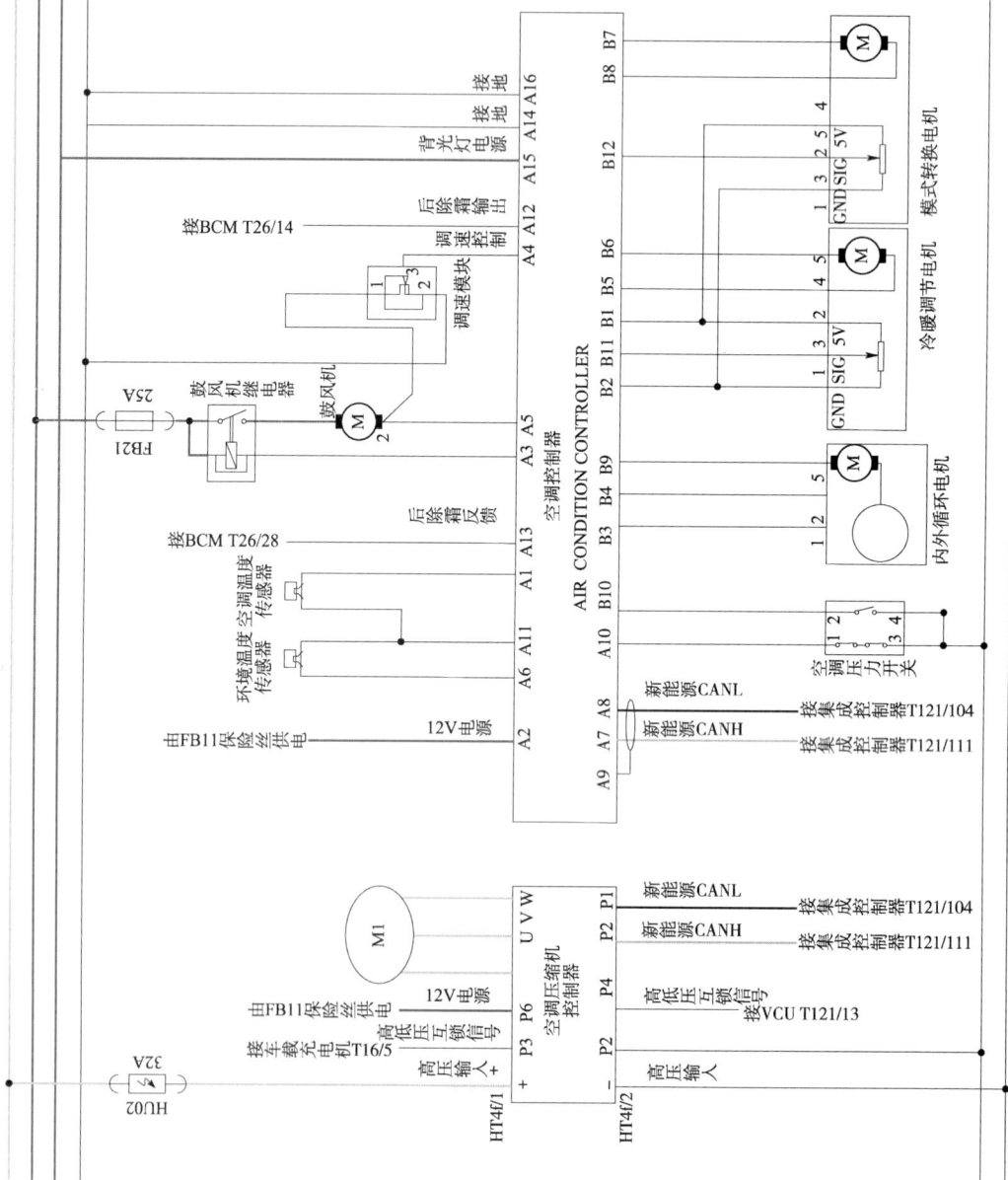

图3-5 北汽EV200车空调控制电路

（2）风量正常,压缩机运转,但不制冷。故障原因如下:

①膨胀阀故障(冰堵或脏堵);

②蒸发器故障(泄漏);

③制冷系统漏气;

④储液器故障(脏堵等);

⑤电动压缩机机械故障(进、排气阀门损坏);

⑥制冷剂少。

3.故障诊断流程

开空调鼓风机运转,但无凉风输出的故障诊断流程如图 3-6 所示。

（1）使用诊断仪读取故障码,如有故障码根据故障码分析判断故障部位,本案例没有故障码,按照后续步骤进行全面检测。

（2）检查制冷系统压力是否正常。北汽新能源汽车制冷系统静态平衡压力应该在0.6MPa 以上。若检查时低于此值,应检查系统是否出现泄漏;若静态压力值符合标准,可以排除制冷系统泄漏故障。

（3）检查空调控制器供电和搭铁线路。

①拆下空调控制器 16 针插接件。

②车辆电源开关置 ON 挡。

③使用万用表检查空调控制器的工作电压,线束侧插接件2 针脚与车身搭铁之间的电压正常值约 12V,如图 3-7 所示。图中的数字是原厂维修资料中标注的接插件编号,上排插座编号从左到右依次从 1 到 8,下排插座编号从左到右依次从 9 到 16。后面所有图中的数字含义与此相同。

④若无 12V 工作电压,检查空调控制器线束侧插接件 2 针脚与空调系统 FB11 熔断器之间的线路的阻值,正常阻值应小于1Ω,如图 3-8 所示。若线束阻值不符合标准,应维修或更换出现断路或短路的线路。

⑤若线路正常,检查空调系统 FB11 熔断丝是否正常。若熔断丝正常,检查空调系统继电器是否正常。若不正常则更换空调系统继电器,正确检查空调系统继电器85 端子与整车集成控制器(VCU)121 端子之间线路的阻值,正常阻值应小于1Ω,如图 3-9 所示。若线束阻值不符合标准,维修或更换出现断路或短路的线路。若线路正常,说明集成控制器故障,更换集成控制器。

⑥使用欧姆表分别检查空调控制器插接件 14 针脚和 16 针脚与车身搭铁之间的阻值,正常阻值应小于1Ω,如图 3-10 所示。若线束阻值不符合标

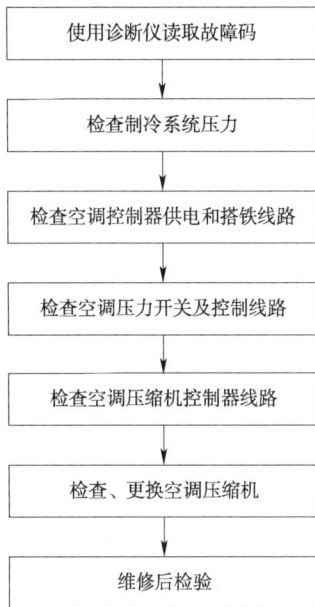

图 3-6　开空调鼓风机运转,但无冷风输出的故障诊断流程

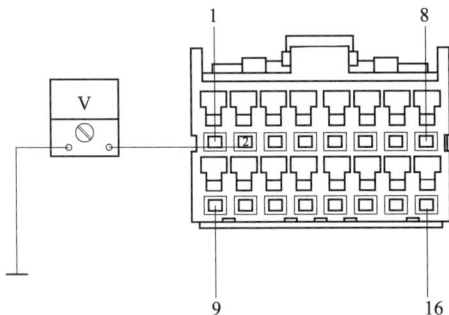

图 3-7　检查空调系统供电线路

准,应维修或更换出现断路或短路的线路。

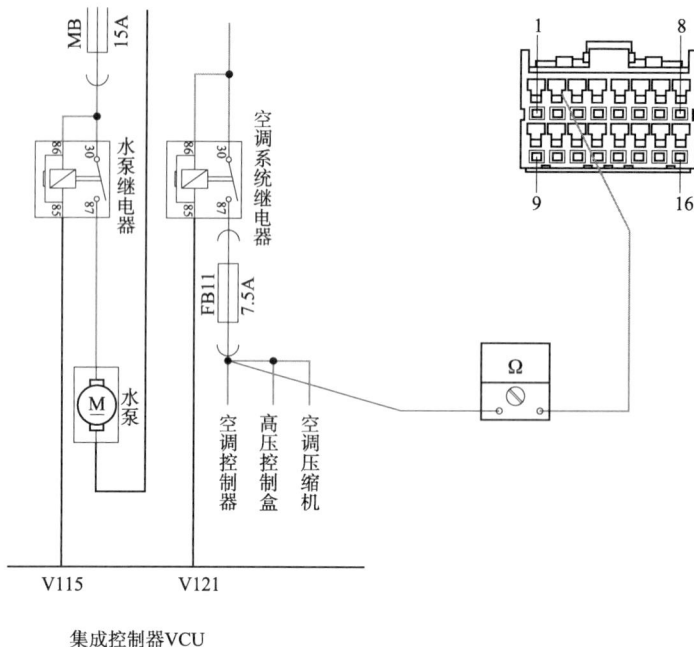

图 3-8 检查空调系统供电线路

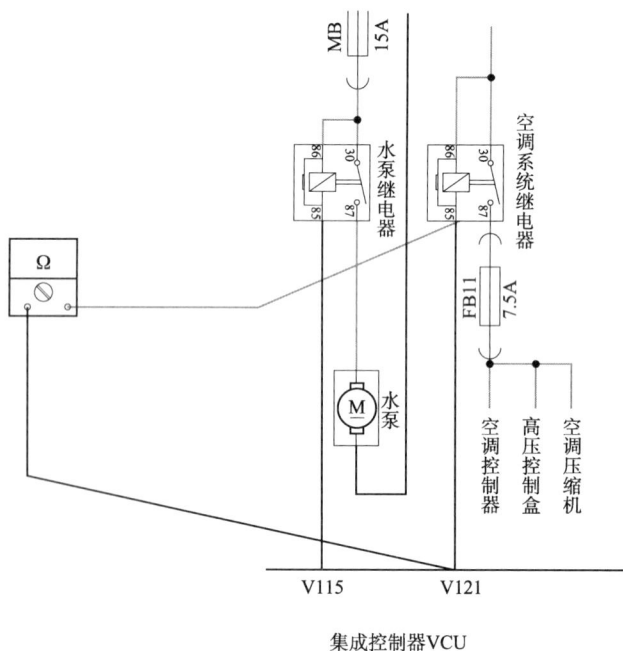

图 3-9 检查空调系统继电器控制线路

（4）检查空调压力开关及控制线路。

①断开空调控制器 12 针脚插接器和空调压力开关插接器。

②按图 3-11 分别检查空调控制器 12 针脚插接器 10 端子与空调压力开关 2 端子之间的

阻值,空调控制器 16 针脚插接器 10 端子与空调压力开关 1 端子之间的阻值,空调压力开关 3 端子、4 端子与车身搭铁之间阻值(正常阻值应小于 1Ω)。若线路阻值不符合标准,应维修或更换出现断路或短路的线路。

③安装空调控制器 12 针脚插接器和 16 针脚插接器。

④起动车辆,打开空调 A/C 开关。

⑤按图 3-12 所示检查空调压力开关插接器 1 端子与 4 端子、2 端子与 3 端子之间电压,正常电压约 12V。若无电压或电压不符合标准值,应更换空调控制器。

⑥按图 3-13 所示检查空调压力开关 1 端子与 4 端子、2 端子与 3 端子之间是否导通。如不导通,则更换空调压力开关。

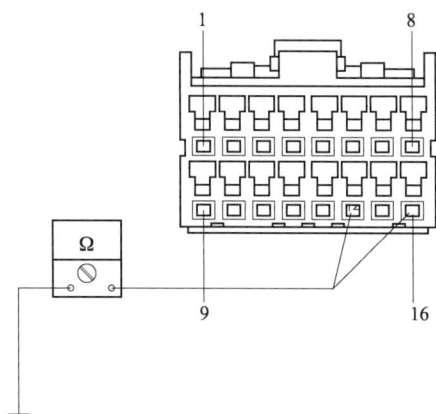

图 3-10　检查空调控制器搭铁线路

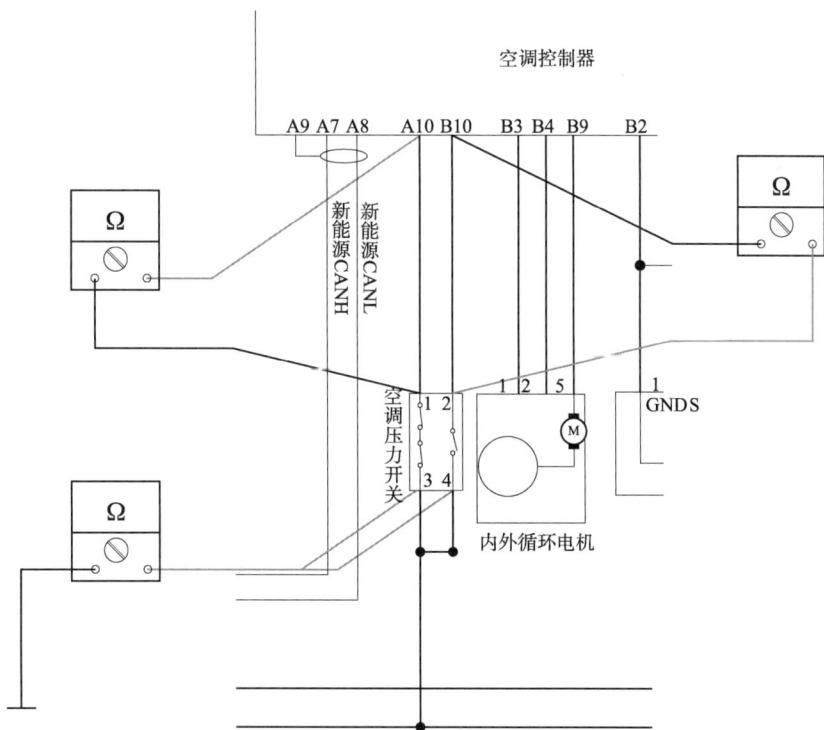

图 3-11　检查空调压力开关及控制线路

(5)检查空调压缩机控制器线路。

①车辆电源开关置 OFF 挡。

②断开空调压缩机控制器低压插接器。

③按图 3-14 所示测量空调压缩机控制器低压插接器 6 端子与 FB11 熔断丝之间导线阻

值、空调压缩机控制器低压插接器 2 端子与车身搭铁之间导线阻值(正常阻值应小于 1Ω)。若线束阻值不符合标准,应维修或更换出现断路或短路的线路。

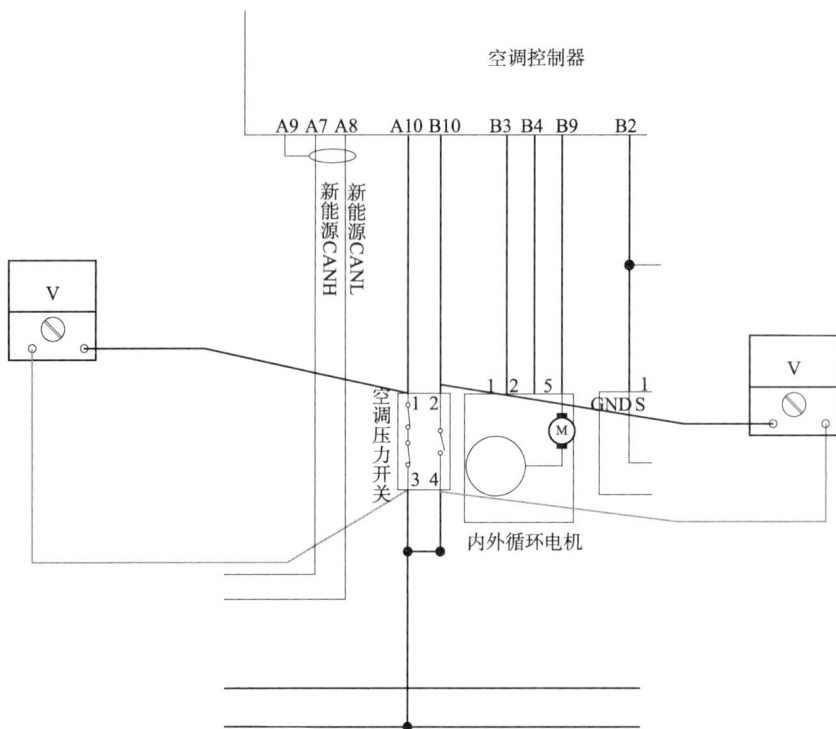

图 3-12　检查空调压力开关及控制线路

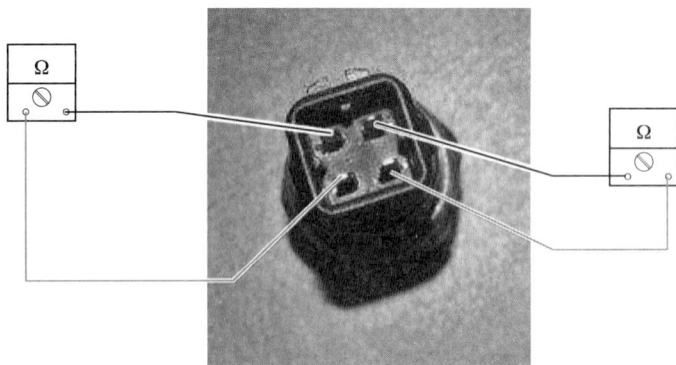

图 3-13　检查空调压力开关

④电源置于 ON 挡,打开空调 A/C 开关。

⑤按图 3-15 所示测量空调压缩机控制器 CAN-H 线路与车身搭铁电压值、CAN-L 线路与车身搭铁电压值,标准电压参考值 2.5V。若电压不符,应维修 CAN 总线故障

⑥安装好空调系统各插接件,使用诊断仪读取空调系统数据流,检查高压系统是否出现互锁。断开高压维修开关后,检查空调系统高压线路插接件是否出现退针现象。若出现针脚退针,处理互锁针脚插头故障。

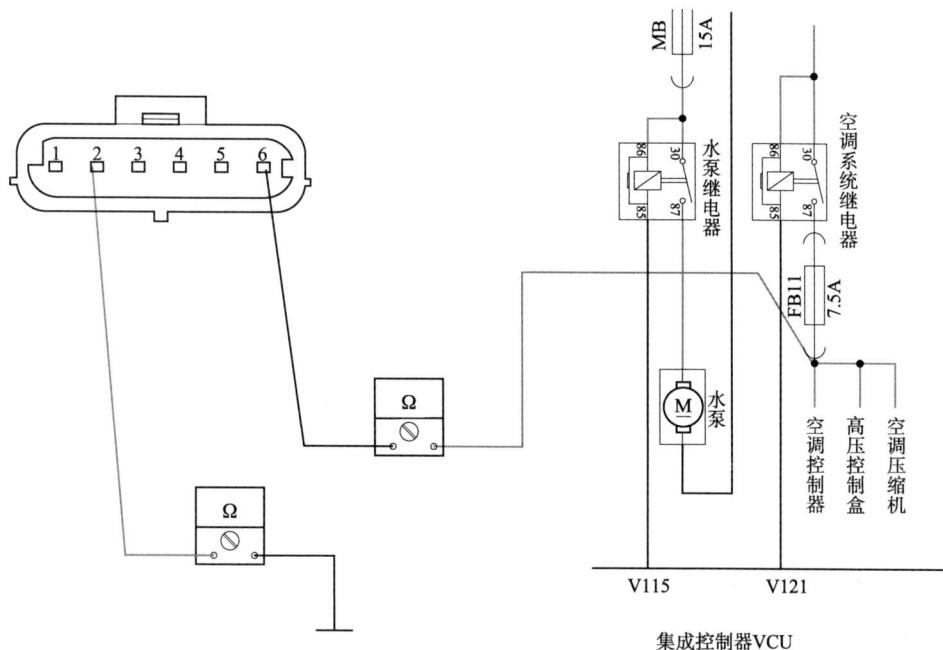

图 3-14　检查空调压缩机控制器供电与搭铁线路

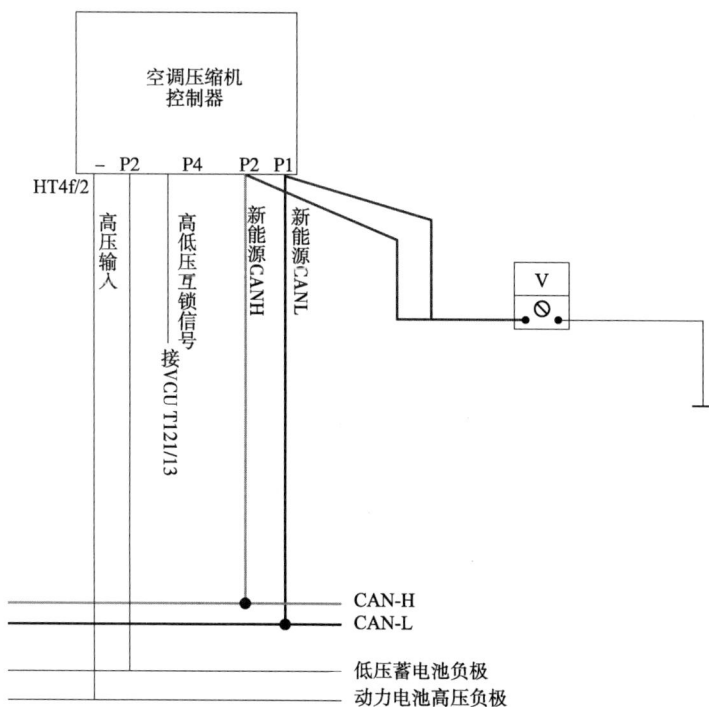

图 3-15　检查北汽 EV200 CAN 总线系统电压

⑦若以上测量均正常,替换电动空调压缩机后检查故障是否排除。

⑧故障排除后清除故障码。

4.故障排除

本故障案例是真实故障,在实际故障诊断步骤中,检查发现空调压力开关损坏,经更换后故障排除,空调工作恢复正常。

故障二:驱动电机的旋变位置传感器故障

1.故障现象

客户驾驶北汽 E150EV 纯电动汽车,在行驶过程中系统故障警告灯突然点亮,如图 3-16 所示,车辆无法行驶。维修站维修技师赶到现场连接诊断仪,读出故障码 P0519(此故障码为北汽第一代 E150EV 的故障码),表示电机超速保护故障,初步判断该车辆无法在原地进行抢修,安排牵引车将车辆拖至 4S 店。

a)仪表

b)系统故障灯

图 3-16 北汽 EV160 系统故障警告灯

2.故障分析

1)北汽 EV160 驱动电机与控制系统

北汽 EV160 驱动电机控制系统如图 3-17 所示。电机控制器是控制驱动电机组件的重要模块,电机控制器根据旋变传感器检测的电机转子位置,并获得电机转速和方向的信息。

温度传感器检测电机绕组的温度,将温度信号传输给电机控制器,电机控制器控制保护驱动电机过热。当电机控制器检测到驱动电机温度超过 120℃时,便会使驱动电机降功率运行;当电机温度超过 140℃时,电机控制器会迫使驱动电机停机降温。

北汽 EV160 纯电动汽车采用水冷方式对驱动电机进行冷却,电动水泵对冷却液加压,确保在冷却系统中的循环。驱动电机的温度传感器将驱动电机温度传送给整车控制器 VCU(图 3-17),当整车控制器 VCU 检测到电机的温度在 45～50℃时,通过 CAN 总线发出指令给电机控制器,控制冷却风扇低速起动;当检测到驱动电机温度大于 50℃时,整车控制器控制冷却风扇高速起动;当检测到电机的温度下降至 40℃时,整车控制器控制冷却风扇停止工作。

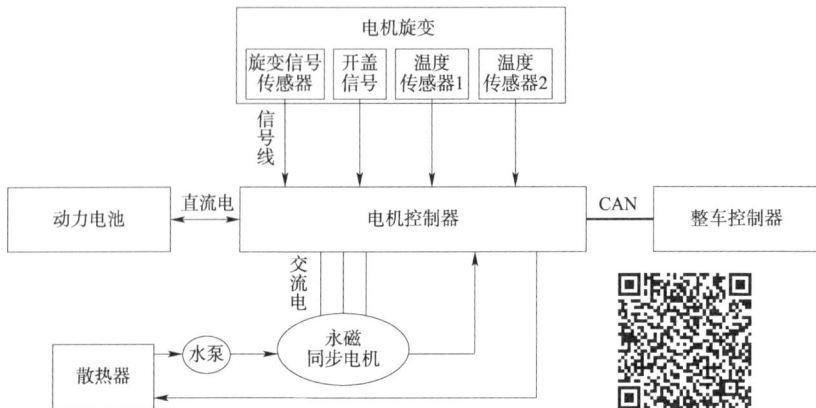

图 3-17 驱动电机控制系统框图

2）故障分析

系统故障灯（图3-16）显示红色并持续闪烁，表示仪表和整车失去通信；系统故障灯显示红色并持续点亮，表示车辆出现一级故障。系统故障灯显示黄色并持续点亮，表示车辆出现二级故障。该车系统故障灯显示红色并持续点亮，表示车辆出现一级故障。

读取故障码位 P0519，表示驱动电机的旋变位置传感器故障，属于电机超速保护故障。

当驱动电机系统出现故障时，驱动电机控制器（MCU）将故障信息发送给整车控制器（VCU）。整车控制器根据电机、电池、EPS、DC/DC、整车 CAN 网络系统、VCU 控制器各类信息进行综合判断，确定整车的故障等级，并进行相应的控制处理。可对整车的故障等级进行4级划分，见表3-4。故障代码 P0519 是电机超速保护故障。它属于1级故障，即致命故障，这时电机输出转矩为0，动力蓄电池的高压电断开，系统故障灯亮，这就是该车不能行驶的原因。查阅"维修手册"得知，故障代码 P0519 对应的是驱动电机的旋变位置传感器故障，而旋变位置传感器连接在驱动电机低压信号接口（T35）上。因此，诊断的重点应该放在旋变位置传感器或低压信号通信上。

北汽新能源汽车故障等级划分　　　　　　　　　　　　　　　　　　表 3-4

等级	名称	故 障 后 处 理
1 级	致命故障	电机零转矩，1s 紧急断开高压，系统故障灯亮
2 级	严重故障	2 级电机故障，电机零转矩；2 级电池故障，限制功率。系统故障灯亮
3 级	一般故障	进入跛行工况/降功率，系统故障灯亮
4 级	轻微故障	4 级故障属于维修提示，但是 VCU 不对整车进行限制，只在仪表显示。4 级能量回收故障，仅停止能量回收，行驶不受影响

3. 故障诊断流程

驱动电机的旋变位置传感器故障诊断流程如图3-18 所示。

（1）断开低压蓄电池负极电缆，拔下驱动电机控制器接插件 T35，如图3-19 所示，各引脚接线见表3-5。检查接插件有无损坏或退针。若发现接插件退针或损坏，更换驱动电机控制器接插件 T35；如接插件良好，按照下一步骤进行检查。

驱动电机控制器 T35 针脚插接器端子信息　　　　　　　　　　　　表 3-5

引脚编号	连接线名称	说　　　明
12	激磁绕组 R1	电机旋转变压器接口
11	激磁绕组 R2	
35	余弦绕组 S1	
34	余弦绕组 S3	
23	正弦绕组 S2	
22	正弦绕组 S4	
33	屏蔽层	

续上表

引脚编号	连接线名称	说　明
24	12V-GND	控制电源接口
1	12V +	
32	CAN-H	CAN 总线接口
31	CAN-L	
30	CAN-PB	
29	CAN-SHIELD	
10	TH	电机温度传感器接口
9	TL	
28	屏蔽层	
8	485 +	RS485 总线接口
7	485-	
15	HVILI(+ L1)	高低压互锁接口

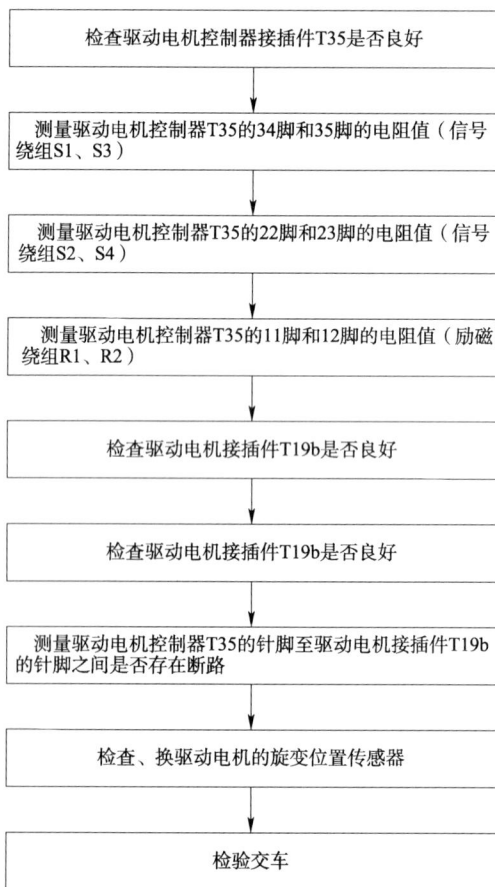

检查驱动电机控制器接插件T35是否良好

↓

测量驱动电机控制器T35的34脚和35脚的电阻值（信号绕组S1、S3）

↓

测量驱动电机控制器T35的22脚和23脚的电阻值（信号绕组S2、S4）

↓

测量驱动电机控制器T35的11脚和12脚的电阻值（励磁绕组R1、R2）

↓

检查驱动电机接插件T19b是否良好

↓

检查驱动电机接插件T19b是否良好

↓

测量驱动电机控制器T35的针脚至驱动电机接插件T19b的针脚之间是否存在断路

↓

检查、换驱动电机的旋变位置传感器

↓

检验交车

图 3-18　驱动电机的旋变位置传感器故障诊断流程

（2）测量驱动电机控制器 T35 的 34 脚和 35 脚的电阻值（信号绕组 S1、S3），应为 60 × (1 ± 10%)Ω。若测量电阻为无穷大，则更换旋变位置传感器。

（3）测量驱动电机控制器 T35 的 22 脚和 23 脚的电阻值（信号绕组 S2、S4），应为 60 × (1 ± 10%)Ω。若测量电阻为无穷大，则更换旋变传感器。

（4）测量驱动电机控制器 T35 的 11 脚和 12 脚的电阻值（励磁绕组 R1、R2），应为 33 × (1 ± 10%)Ω。若测量电阻为无穷大，则更换旋变传感器。

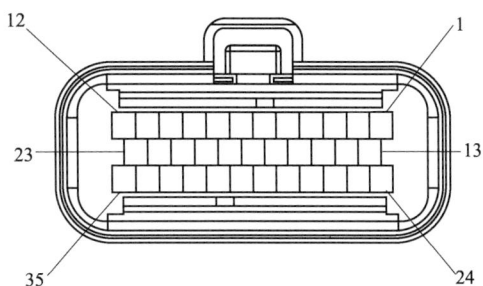

图 3-19　驱动电机控制器 T35 针脚插接器

（5）拔下驱动电机接插件 T19b，如图 3-20 所示，各引脚接线见表 3-6。检查接插件有无损坏或退针。若发现接插件退针或损坏，则更换驱动电机接插件 T19b。

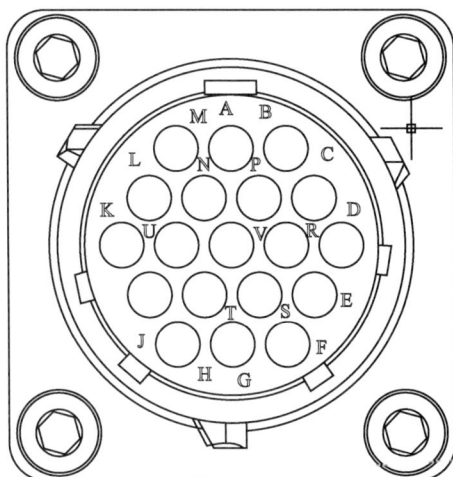

图 3-20　驱动电机接插件 T19b

驱动电机接插件 T19b 针脚插接器端子信息　　　　表 3-6

引脚编号	连接线名称	说　　明
A	激磁绕组 R1	电机旋转变压器接口
B	激磁绕组 R2	
C	余弦绕组 S1	
D	余弦绕组 S3	
E	正弦绕组 S3	
F	正弦绕组 S4	
G	THO	电机温度接口
H	TLO	
L	HVILI (+ L1)	高低压互锁接口
M	HVILI (+ L2)	

（6）测量驱动电机控制器 T35 的针脚至驱动电机接插件 T19b 的针脚之间是否存在断路。若测量电阻为无穷大，则更换或修理线束。

（7）若以上测量均正常，替换驱动电机的旋变位置传感器后检查故障是否排除。

（8）故障排除后清除故障码。

4.故障排除

本故障案例是真实故障,在实际故障诊断步骤中,检查发现驱动电机的旋变位置传感器损坏,经更换后故障排除,空调工作恢复正常。

故障三:北汽 EV160 纯电动汽车无法起动的故障诊断

1.故障现象

图 3-21　北汽 EV160 蓄电池报警灯

客户在早晨起动北汽 EV160 纯电动汽车时,发现车辆无法起动,同时组合仪表的蓄电池报警灯点亮,如图 3-21 所示。

2.故障分析

（1）北汽 EV160 蓄电池报警灯点亮,表示蓄电池电压过高或过低,或 DC/DC 系统有故障。用诊断仪检测数据,接通起动开关,显示 DC-DC 变换器无输出电压。

（2）北汽 EV160 的 DC-DC 变换器有一系列保护功能,见表 3-7,避免因异常的电流、电压、温度等损坏设备。

北汽 EV160 车的 DC-DC 变换器保护功能　　　　表 3-7

保 护 功 能	功 能 说 明
输入欠压	保护区间:180～200V(直流);恢复区间:200～220V(直流)
输入过压	保护区间:420～440V(直流);恢复区间:400～420V(直流)
输出欠压	6～7V(直流)关机保护,可自行恢复
输出过压	17.8～18.5V,可自行恢复
过温保护	内部温度达到83～87℃时开始降额输出,温度超过90～105℃关机;温度低于83～87℃时可自行恢复
过流保护	100～120A
输出短路保护	关机,故障解除,可自行恢复
DC-DC 内部故障	关机锁死

（3）北汽 EV160 的 DC-DC 变换器共有四个接线口,分别是低压输出负极、低压输出正极、低压控制端和高压输入端,如图 3-22 所示。

（4）北汽 EV160 低压供电系统控制图如图 3-23 所示,DC-DC 变换器输出的低压直流电供给整车控制器、电池控制器、电机控制器等作为工作电源,是动力系统的重要部件。若 DC-DC 变换器不能输出足以驱动以上核心部件的工作电压,便会导致动力系统控制部件不能正常投入工作,出现车辆无法起动。

综上所述,如果北汽 EV160 蓄电池报警灯点亮,必须检测 DC-DC 变换器的高压输入、低压输入和控制是否正常,检测 DC-DC 变换器是否处在保护功能状态。诊断的重点应该放在 DC-DC 变换器是否达到工作条件以及是否正常输出电压。

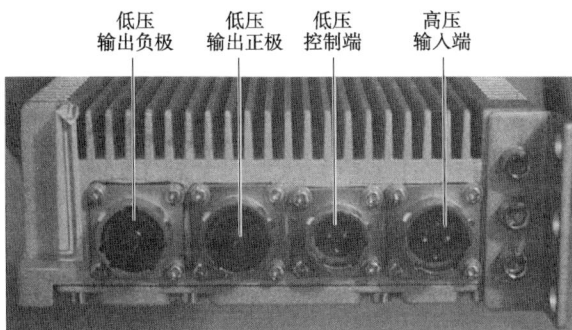

图 3-22 北汽 EV160 的 DC-DC 变换器

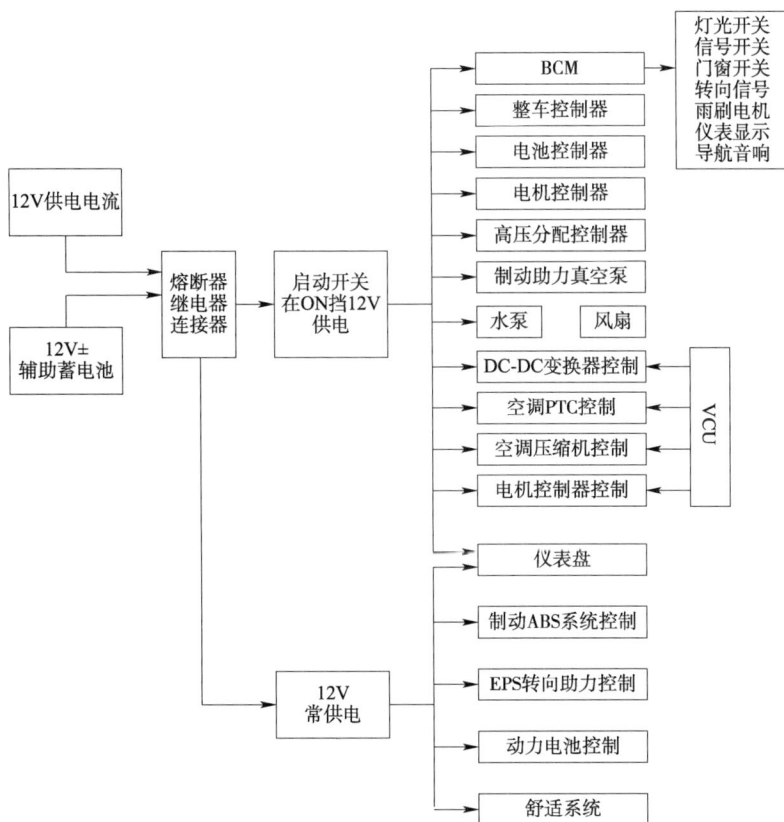

图 3-23 北汽 EV160 低压供电系统控制图

3.故障诊断流程

北汽 EV160 车的 DC-DC 变换器控制电路如图 3-24 所示,故障诊断流程如图 3-25 所示。

(1)使用诊断仪读取故障码和数据流,主要读取并分析整车控制器(VCU)数据:供电电压,即直流母线电压实际值 V1、V2、V3 的高压是否正常;动力电池系统(BMS PPST)数据,即:直流母线电压、高压互锁状态、动力电池 SOC 和可用 SOC;车身电控模块(BCM)数据,即:电压过低、电压过高等。

(2)使用万用表电压挡测量低压蓄电池静态电压,并记录。若电压低于 9V,则更换蓄电池,若电压大于12V,进行下一步检查。

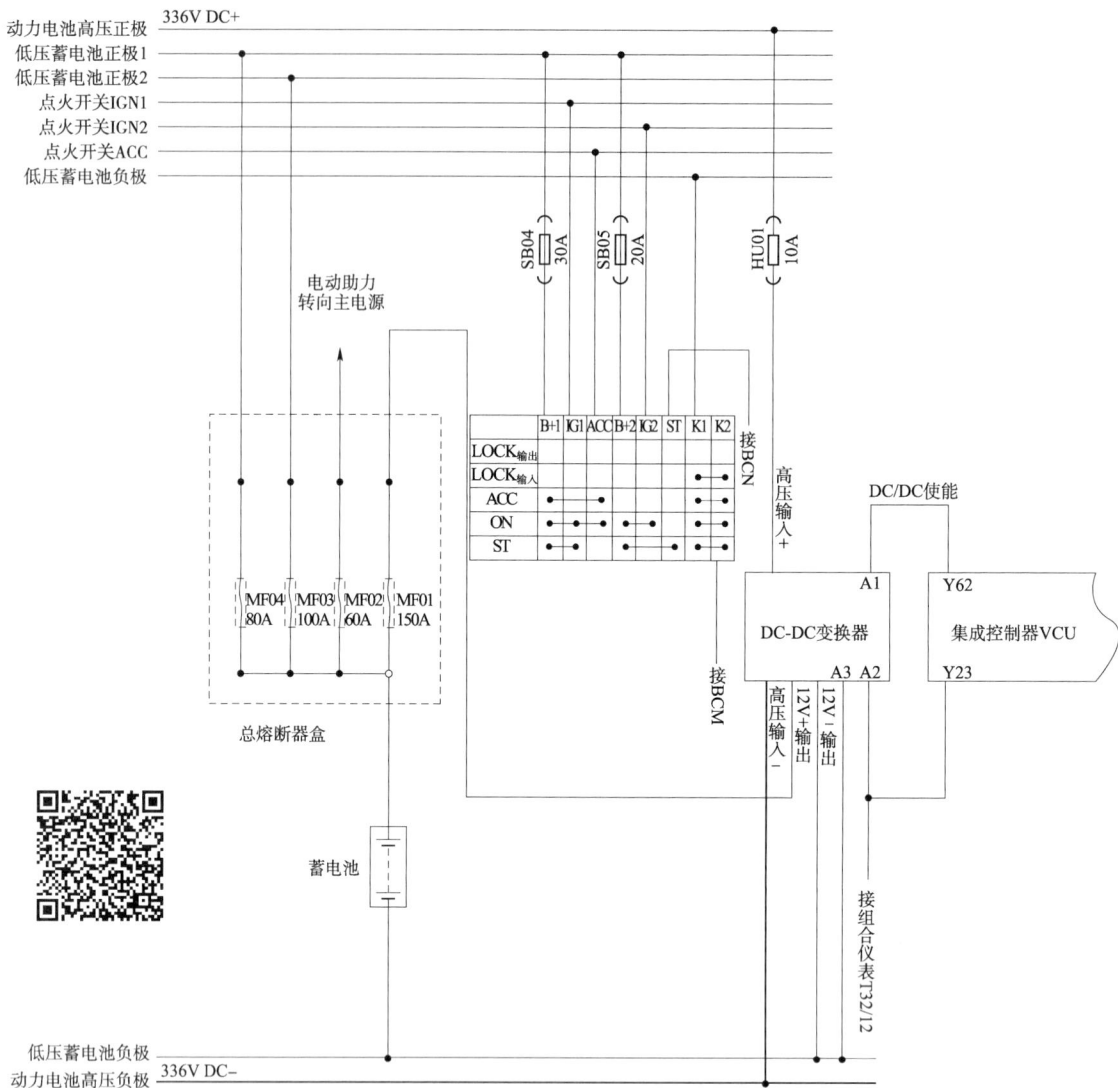

图 3-24　北汽 EV160 车 DC-DC 变换器控制电路

(3)将电源开关旋转至起动挡,测量低压蓄电池电压。若低压蓄电池电压未变化,则检查 DC-DC 变换器及相关线束;若电压上升至 13.8～14V,则检查蓄电池报警灯故障或 DC-DC 变换器低压控制端故障。

(4)断开 DC-DC 变换器高压输入端接插件并检查。

①观察高压输入端接插件是否存在破损或高压互锁短接端子是否退针。若接插件存在松动或退针,则更换接插件。

②测量 DC-DC 变换器高压输入端线束侧接插件 B 脚和 A 脚,如图 3-26 所示(B 脚:电源正极;A 脚:电源负极;中间脚:高压互锁短接端子)是否有动力电池组输出电压。若输出电压不符标准要求,确定为 DC-DC 变换器内部故障,更换 DC 总成。

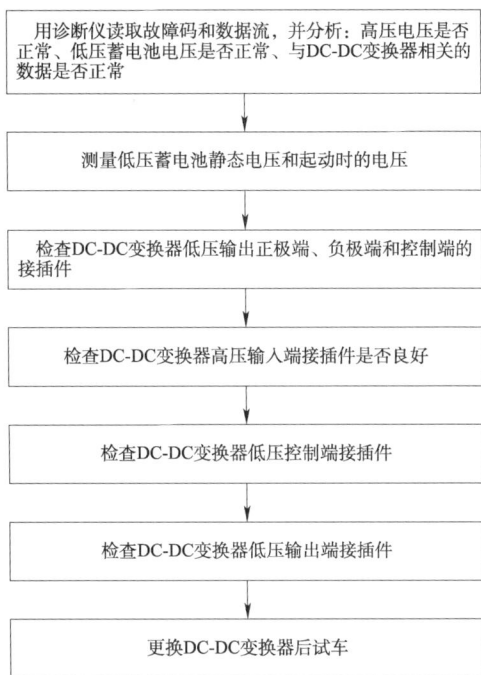

图 3-25　北汽 EV160 车的 DC-DC 变换器故障诊断流程

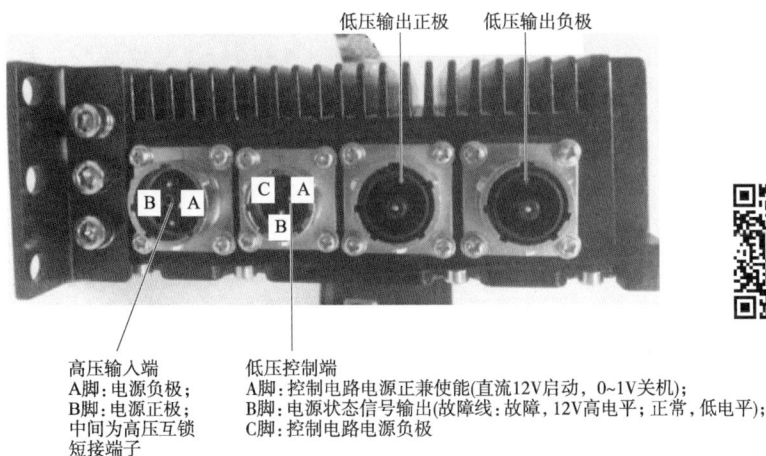

图 3-26　DC-DC 变换器各针脚含义

（5）断开 DC-DC 变换器低压控制端接插件并检查：

①观察低压控制端接插件是否存在破损或者退针。若接插件存在松动或退针,则更换接插件。

②测量 DC-DC 变换器低压控制端接插件 A 脚(控制电路电源正极,12V)电源电压是否正常,若电压在 0 ~ 1V,则更换 DC-DC 变换器。

③测量 DC-DC 变换器低压控制端接插件 B 脚(电源状态信号输出),若电压为 12V 高电平,则更换 DC-DC 变换器;若是低电平,则进行下一步检查。

（6）断开 DC-DC 变换器低压输出正极端接插件并检查：

①观察低压输出正极端接插件是否存在破损或者退针。若接插件存在松动或退针,则

更换接插件。

②测量低压输出正极端是否有 13.8～14V 电压。若电压低于 13.8～14V,则更换 DC-DC 变换器。

(7)维修后试车,恢复正常,清除故障码。

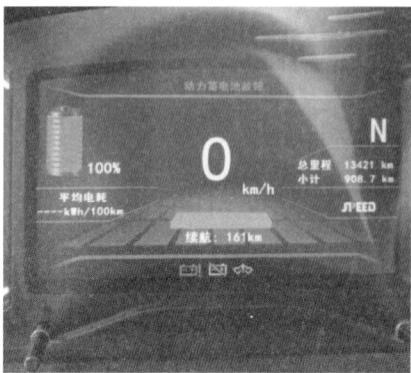

图 3-27　仪表警告灯显示动力蓄电池故障

4.故障排除

本故障案例是真实故障,在实际故障诊断步骤中,检查确诊 DC-DC 变换器损坏,经更换后故障排除,车辆工作恢复正常。

故障四:动力电池高压母线连接的故障诊断

1.故障现象

一辆北汽 EV150 纯电动汽车在行驶过程中,突然出现丢失动力的情况。重新起动后,组合仪表的动力电池故障警告灯和动力电池高压断开故障警告灯同时亮起,且系统故障指示灯点亮(表明出现二级故障),如图 3-27 所示。故障车辆被拖至 4S 店进行检修。

2.故障分析

(1)用诊断仪读取故障码和数据流。显示动力电池系统有故障。

(2)动力电池故障警告灯点亮条件:当电池管理系统对绝缘电阻检测、电芯电压检测、SOC 计算、电池温度检测、母线电流检测等指标进行检测过程中,若发现某些参数超过标准上限时,BMS 上报 VCU,由 VCU 点亮该故障警告灯。

(3)动力电池高压断开故障警告灯点亮的条件:当动力电池内部出现断路或者高压系统部件之间出现断路,VCU 检测不到高压互锁的确认信号时将点亮该故障警告灯。

(4)系统故障灯点亮条件:该黄色警告灯持续点亮表示故障为二级故障,且是当前存在的故障。

综合分析,若该车动力电池故障警告灯和动力电池高压断开故障警告灯同时点亮,可能原因是三种:

(1)动力电池模组低压断路。当动力电池低压系统出现故障时(例如供电电源不足、CAN 通信故障、接插件退针等),由于 BMS 无法正常工作,导致无法检测动力电池的绝缘性或与新能源 CAN 之间的通信中断。出于安全考虑,VCU 在没有收到 BMS 确认信号时会点亮动力电池故障警告灯和动力电池高压断开故障警告灯。

(2)高压互锁故障。北汽 EV160 为了确保高压线束连接的可靠性,布置一套完整的高压互锁系统,如图 3-28 所示。当高压系统的任意一个接插件出现松脱,VCU 内的高压互锁识别模块便会收到异常信号,随即控制动力电池组切断正极/负极接触器,点亮动力电池故障警告灯和动力电池高压断开故障警告灯。

(3)系统误报。整车控制器在接收到电池管理系统的数据后,通过逻辑判断和分析,再驱动相应的执行器动作。但是,电池管理系统输出的信号有一定概率会产生误报,导致 VCU 发出错误的指令,引起动力电池故障灯被点亮。若是系统误报导致的故障,通过主机厂的系统更新便可解决问题。

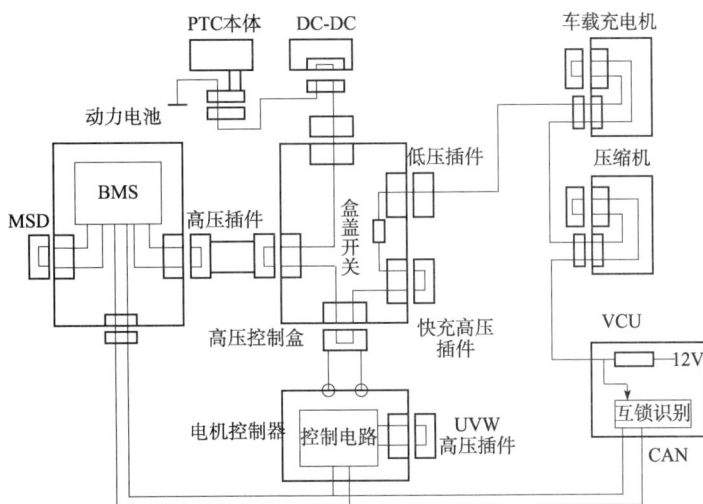

图 3-28　北汽 EV150 高压互锁系统

因此,诊断的重点应该放在动力电池低压控制系统或高压互锁接插件的连接,重点检查低压系统供电电压是否正常,以及高压线束是否安装到位。

3. 故障诊断流程

动力电池高压母线连接的故障诊断流程如图 3-29 所示。

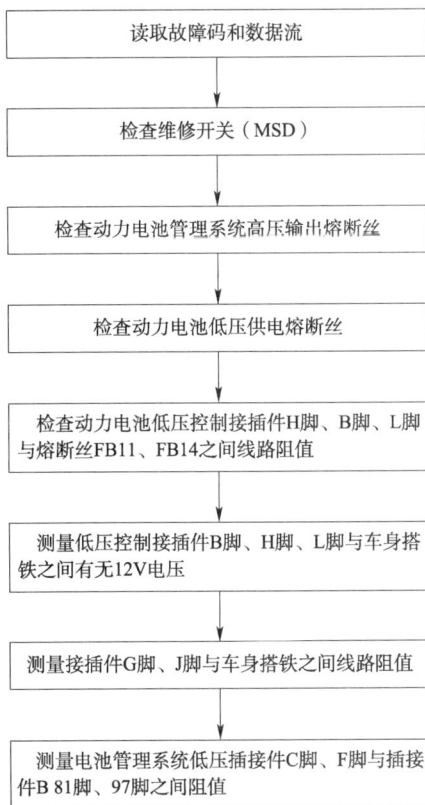

读取故障码和数据流

检查维修开关（MSD）

检查动力电池管理系统高压输出熔断丝

检查动力电池低压供电熔断丝

检查动力电池低压控制接插件H脚、B脚、L脚与熔断丝FB11、FB14之间线路阻值

测量低压控制接插件B脚、H脚、L脚与车身搭铁之间有无12V电压

测量接插件G脚、J脚与车身搭铁之间线路阻值

测量电池管理系统低压插接件C脚、F脚与插接件B 81脚、97脚之间阻值

图 3-29　动力电池高压母线连接的故障诊断流程

（1）读取故障码和数据流，显示动力电池高压母线连接的故障。

（2）检查维修开关（MSD）是否松动，重新插拔后再次检查故障是否存在。存在，则执行下一步操作诊断排除故障。

（3）检查动力电池管理系统高压输出熔断丝 HU03 是否损坏（图 3-30）。存在，则更换相同规格熔断丝后检查故障是否排除；不存在，则执行下一步操作，诊断排除故障。

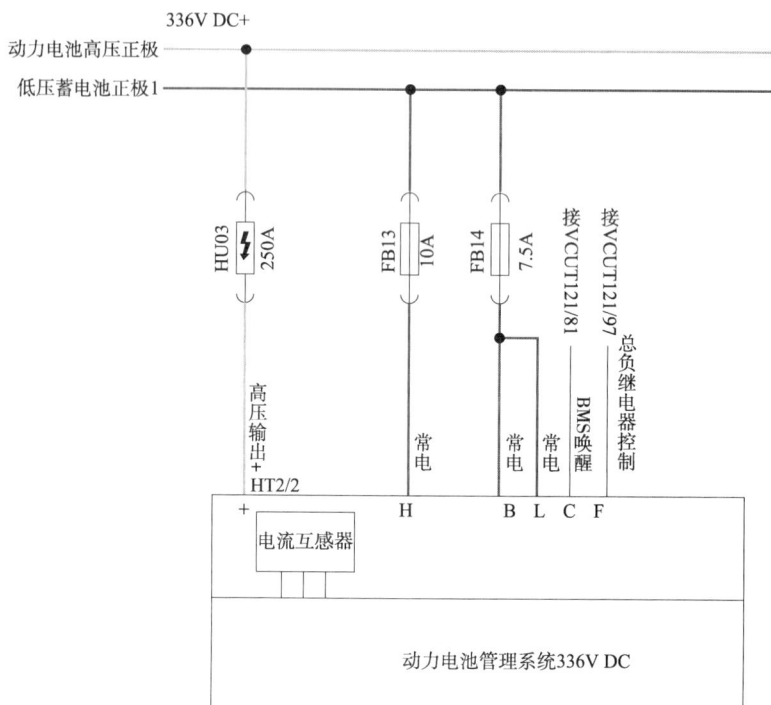

图 3-30　动力电池管理系统高压熔断丝

（4）打开前舱电器盒，检查动力电池低压供电熔断丝 EB13 和 EB14 是否熔断，如熔断则更换熔断丝。

（5）打开电源开关至 ON 挡，将车辆举升，断开动力电池低压控制接插件，如图 3-31 所示，动力电池低压控制接插件（动力电池侧）针脚含义见表 3-8。

动力电池低压控制接插件针脚含义　　　　　　　　表 3-8

针脚号码	含　义	针脚号码	含　义
A	未使用	H	继电器供电正极
B	BMS 供电正极	J	继电器供电负极
C	Wake Up	K	未使用
D	未使用	L	高压互锁信号（＋）
E	未使用	M	未使用
F	负极继电器控制	N	新能源 CAN 屏蔽
G	BMS 供电负极	P	新能源 CANH

续上表

针脚号码	含 义	针脚号码	含 义
R	新能源 CANL	V	快充 CANH
S	动力电池内部 CANH	W	动力电池 CAN 屏蔽
T	动力电池内部 CANL	X	未使用
U	快充 CANH		

(6)使用欧姆表测量分别测量接插件 H 脚、B 脚和 L 脚与熔断丝 FB11、FB14 之间线路阻值(图 3-32),若线束阻值不符合标准,维修或更换出现断路或短路的线路。

(7)使用万用表电压挡分别测量低压控制接插件 B 脚、H脚和 L 脚与车身搭铁之间有无 12V 电压(图 3-33)。

(8)若无 12V 电压,则使用万用表电压挡测量熔断丝FB11、FB14 与车身搭铁之间有无 12V 电压(图 3-34)。若无12V 电压,则维修或更换低压配电盒故障。

(9)使用欧姆表分别测量接插件 G 脚、J 脚与车身搭铁之间线路阻值(图 3-35)。若线束阻值无穷大,维修或更换出现断路或短路的线路。

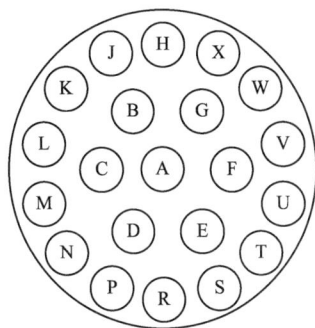

图 3-31 动力电池低压控制接插件

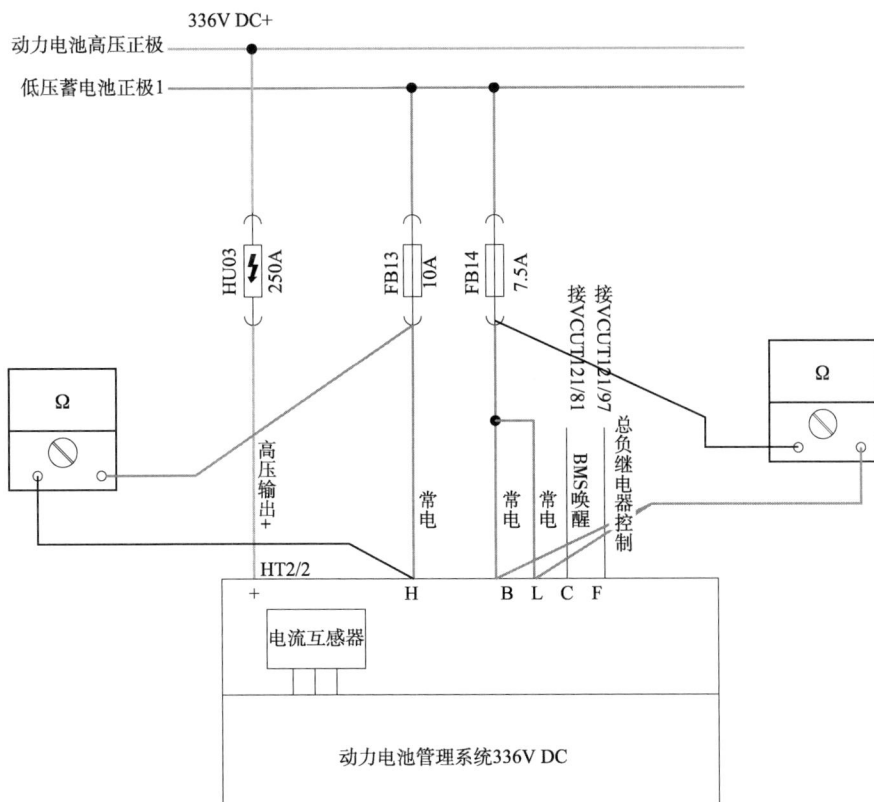

图 3-32 检查动力电池管理系统低压电源线路

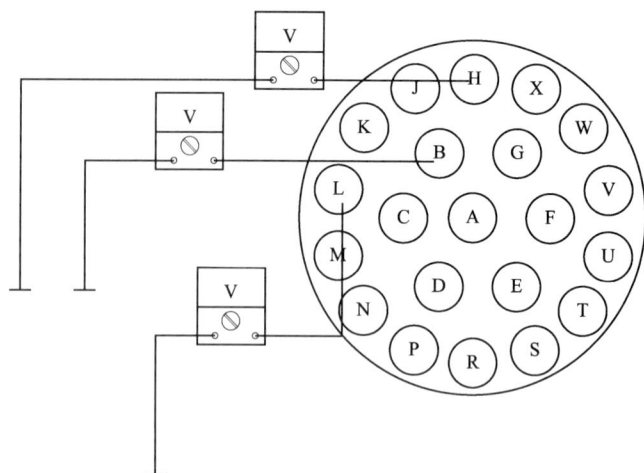

图 3-33　检查动力电池管理系统低压控制线路

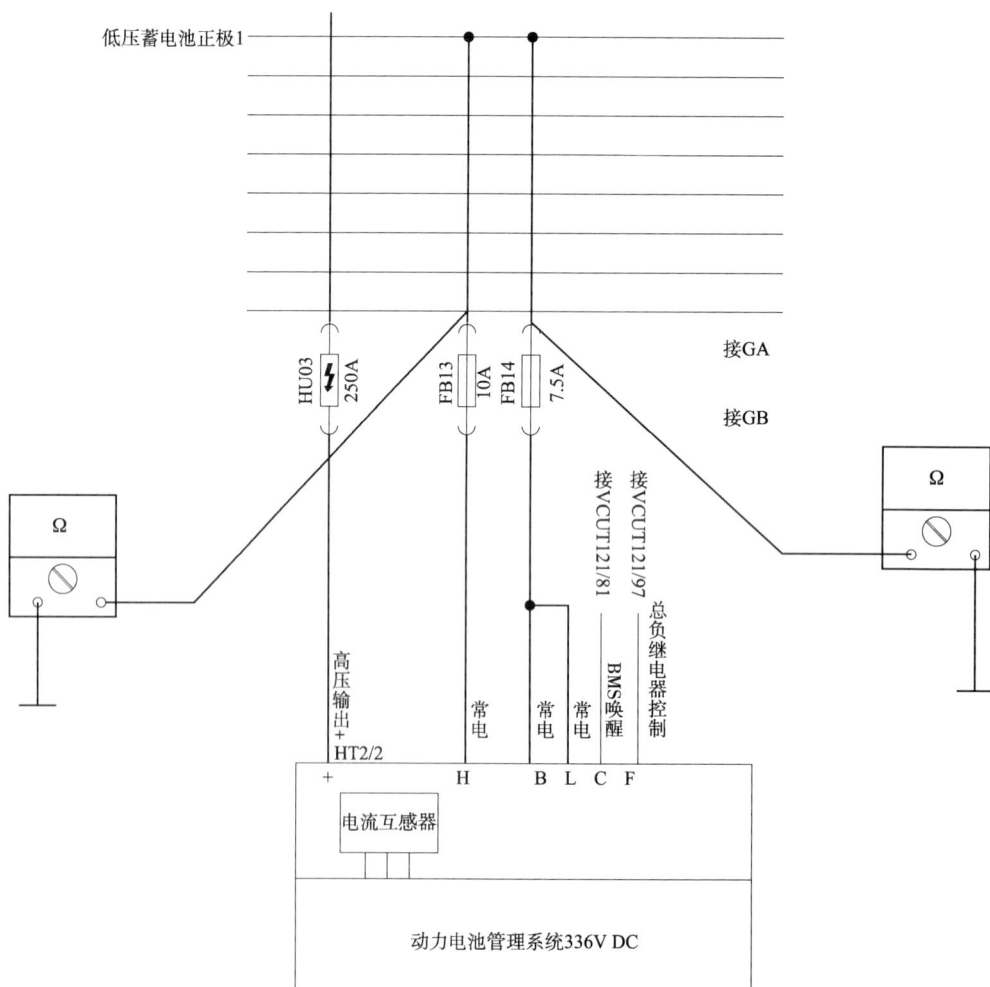

图 3-34　检查动力电池管理系统低压电路

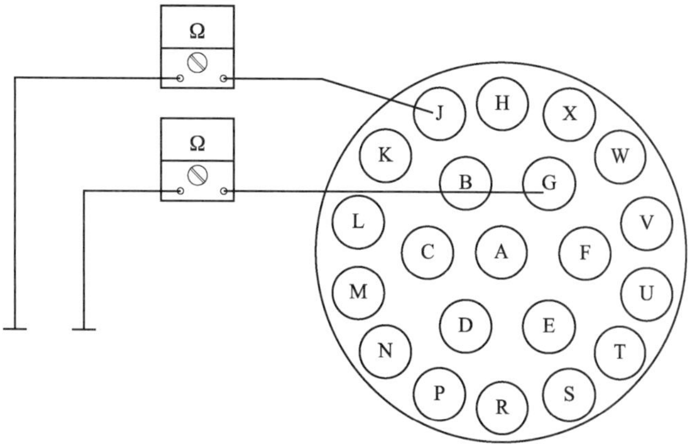

图 3-35 检查动力电池管理系统低压电路

（10）断开 VCU 插接件,使用欧姆表分别测量电池管理系统低压插接件 C 脚、F 脚与 VCU 插接件 B 81 脚、97 脚之间阻值(图 3-36)。若线束阻值无穷大,则维修或更换出现断路或短路的线路;若符合标准,则检查 VCU 或动力电池负极继电器(动力电池负极继电器检测必须由动力电池售后工程师检测,其他人员禁止私自拆检动力电池)。

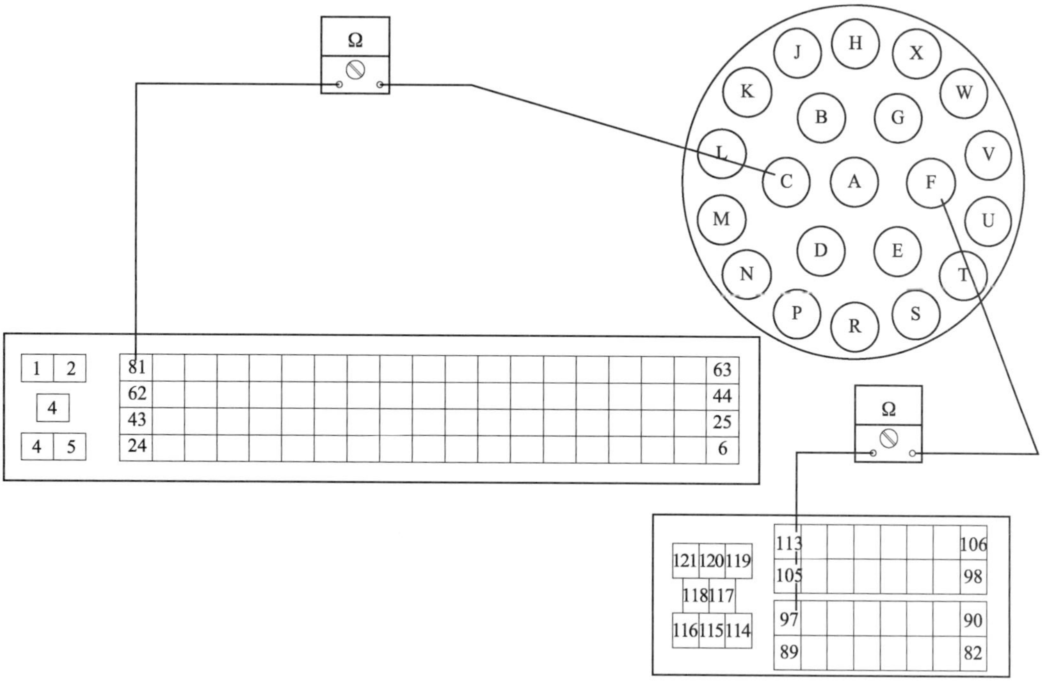

图 3-36 检查动力电池管理系统控制线路

（11）连接断开的各系统插接件,连接诊断仪,上电后,读取并清除故障码,恢复正常,检验交车。

4. 故障排除

本故障案例是真实故障,在实际故障诊断步骤中,该车所有电路检查都正常,维修开关拔出后重新插入。重新读取故障,故障码消失,工作恢复正常,故障排除,所以总结故障原因是维修开关接触不良。

故障五:车辆无法加速的故障诊断

1.故障现象

一辆北汽 EV150 纯电动汽车在行驶过程中,突然出现踩下加速踏板加速无反应的故障,同时仪表中 READY 灯亮。

2.故障分析

行驶中踩下加速踏板加速无反应的故障,首先应考虑检查加速踏板位置传感器。滑动电阻型加速踏板位置传感器检测汽车加速或减速信号,并传输给整车控制器。加速踏板位置传感器电路如图 3-37 所示。传感器有两个电位器,一个是主信号电位器,一个是辅助信号电位器。两电位器之间的关系:主信号电压是辅助信号电压的 2 倍。整车控制器同时对两个电位器进行检测与比较,判断信号是否正常。

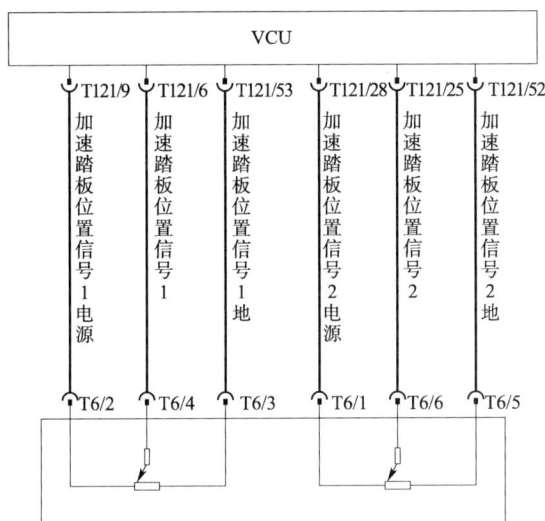

图 3-37　加速踏板位置传感器电路图

读取故障码,故障码显示整车控制器没有收到加速踏板位置传感器信号。故障的原因可能是传感器自身故障、接插件故障或线路故障。因此,诊断的重点应放在对加速踏板位置传感器本体的检查或者线束的导通性检查。排除 VCU 故障,因为如果 VCU 存在内部故障,车辆会无法起动,不是此故障现象。

3.故障诊断

(1)连接诊断仪,打开点火开关至 ON 挡,读取加速踏板位置传感器信号 4 和信号 6 数据流,缓慢踩下加速踏板,观察 4 脚与 6 脚信号电压值,两者应是倍数关系。若无信号电压或检测电压不符上述标准,进行下一步检查。

(2)断开电源开关,再断开加速踏板位置传感器的接插件,检查接插件是否良好。然后再接通电源开关,从线束端分别检查 1 脚和 2 脚是否有 5V 工作电压。若无 5V 工作电压,检查 5V 工作电源电路。

(3)从线束端检查 3 脚和 5 脚的搭铁是否良好,若搭铁不良,检查修复搭铁点,确保搭铁良好。

（4）缓慢踩下加速踏板,分别检查加速踏板位置传感器4脚和6脚的电阻是否连续变化,若电阻无穷大或电阻有断续,说明踏板位置传感器损坏,需更换。

（5）检查加速踏板位置传感器与VCU连接线束的通断。

根据诊断,该车故障是由于加速踏板位置传感器主信号电位器信号端T6/4没有信号电压输出,导致整车控制器没有接收到加速踏板的位置信号,无法准确判断加速踏板的位置所致。通过上述检查和排除故障后,试车恢复正常。

4.故障排除

本故障案例是真实故障,在实际故障诊断步骤中,检查确诊踏板位置传感器损坏,经更换后故障排除,车辆工作恢复正常。

（二）比亚迪纯电动汽车典型故障诊断与分析

故障一:比亚迪e6无法充电

1.故障现象

一辆比亚迪e6电动车使用直流充电8h后,仪表仍提示动力电池电量低。

2.故障分析

比亚迪e6电动车有直流充电和交流充电两种充电方式。

交流充电主要是通过交流充电桩、壁挂式充电盒以及家用供电插座接入交流充电口,通过高压电控总成,将220V交流电转为330V直流高压电给动力电池充电。

直流充电主要是通过充电站的充电柜将直流高压电直接通过直流充电口给动力电池充电。

充电系统主要由交流充电口、直流充电口、高压电控总成、动力电池包和电池管理器组成。比亚迪E6充电系统如图3-38所示。比亚迪E6直流充电流程如图3-39所示。

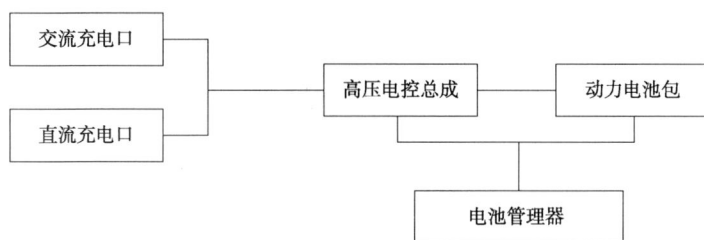

图3-38　比亚迪e6充电系统框架图

通过了解充电系统组成和充电流程,分析判断故障原因有充电设备故障（直流充电柜）、直流充电口故障、电池管理器故障、高压电控总成故障及线路故障。

3.故障诊断流程

（1）使用诊断仪读取故障码,根据故障码分析判断故障部位。若无故障码,按照后续步骤进行全面检测。

（2）对充电系统检测前,首先排除人为操作失误或不当造成的充电故障。

（3）排除充电设备故障。

图 3-39　比亚迪 e6 充电流程

（4）检查直流充电口插座阻值是否正常：

①起动开关置为 OFF 挡。

②分别拆下直流充电口的高压插接器和低压插接器 K22。

③分别测量直流充电口插座各端子阻值是否正常，如图 3-40 所示，充电口各端子阻值见表 3-9。若测量值不符合标准，更换直流充电口。

充电口各端子阻值　　　　　　　　　　　　表 3-9

测量端子(直流充电口插座端)	测量端子(直流充电口低压插座 K22)	参　考　值
S +	1	<1Ω
A +	2	<1Ω
S −	3	<1Ω
A −	5	<1Ω
CC2	6	<1Ω

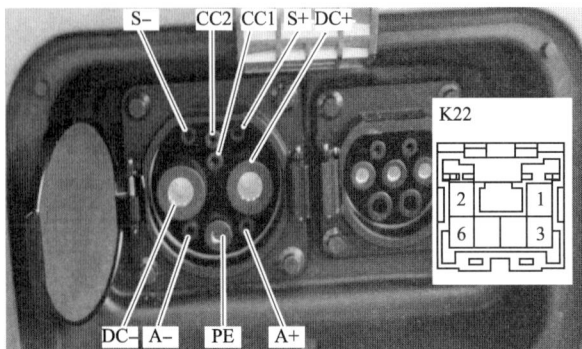

图 3-40　比亚迪 e6 直流充电口测量

（5）检查直流充电口低压线束是否出现短路或断路故障：

①起动开关置为 OFF 挡。

②分别拆下直流充电口的低压插接器 K22 和电源管理系统的插接器 M33。

③使用欧姆表分别测量电压插接器 K22 的 1 针脚、3 针脚和 5 针脚与电源管理系统的插接器 M33 的 16 针脚、15 针脚和 8 针脚之间线路的阻值，如图 3-41 所示，正常阻值应小于 1Ω。若线束阻值不符合标准，维修或更换出现断路或短路的线路。

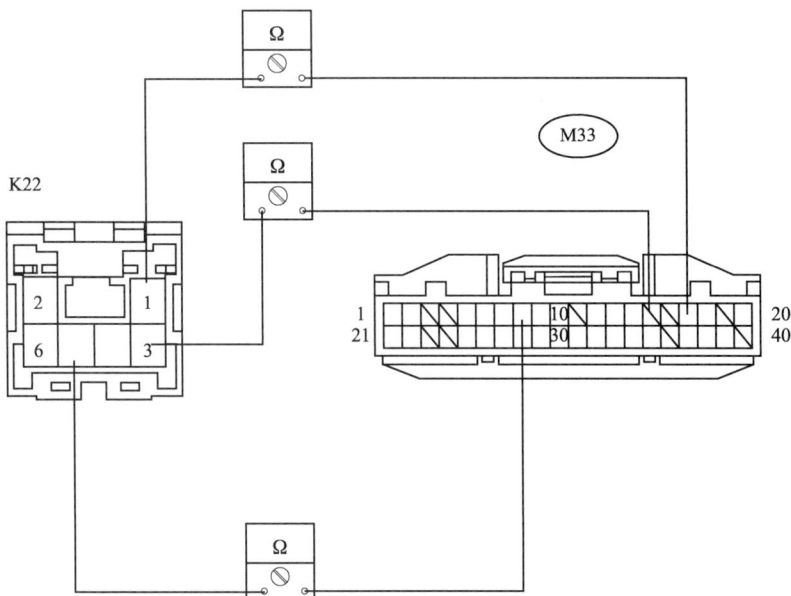

图 3-41　比亚迪 e6 直流充电低压线路测量

（6）检查充电控制线路是否出现故障：

①断开电源管理器低压插接器 M39。

②使用欧姆表分别测量电压插接器 K22 的 2 针脚与电源管理系统的插接器 M39 的 2 针脚、3 针脚之间线路的阻值、电源管理系统的插接器 M39 的 5 针脚与车身搭铁的阻值，如图 3-42 所示，正常阻值应小于 1Ω。若线束阻值不符合标准，维修或更换出现断路或短路的线路。

（7）根据系统电路图（图 3-43），检查控制线路 DC 保险丝 FX/1（15A）是否熔断。如熔断，则更换相同规格的保险丝再进行测量；若正常，检查 DC（充电）继电器 KM-2 是否损坏，如损坏，则更换继电器；若正常，进行下一步检查。

①连接充电口低压插接件 K22 和低压插接器 M39。

②连接直流充电枪进行充电。

③断开配电箱低压插接件 M31。

④用万用表电压挡检查电池管理器插接器 M31 的 4 针脚、5 针脚与车身搭铁之间的电压值，正常值为 11 ~ 14V，如图 3-44 所示。

⑤若测量无电压，充电柜故障，换台充电柜进行测试。确认故障是否排除，若故障仍存在，则进行下一步检查。

⑥电源置于 OFF 挡，使用欧姆表分别测量电池管理系统插接器 M33 的 27 针脚与配电

箱的插接器 M31 的 4 针脚、4 针脚之间、电池管理系统插接器 M33 的 1 针脚与配电箱的插接器 M31 的 22 针脚之间线路的阻值、配电箱的插接器 M31 的 10 针脚与车身搭铁之间线路的阻值,正常阻值应小于 1Ω,如图 3-45 所示。若线束阻值不符合标准,则维修或更换出现断路或短路的线路。

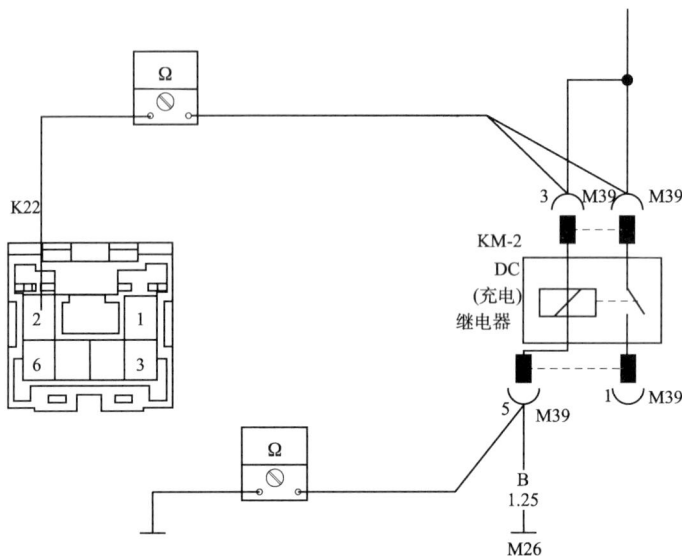

图 3-42　比亚迪 e6 直流充电低压线路测量

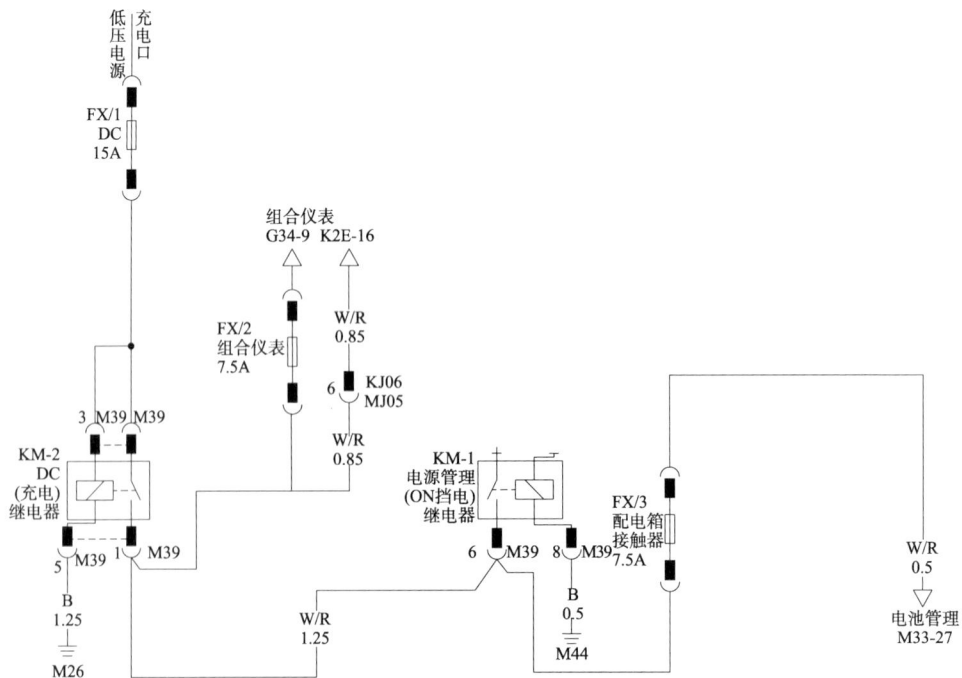

图 3-43　比亚迪 e6 电路图

(8)检查检查高压电控总成是否出现故障:

①连接各插接件。

②连接充电器对车辆进行充电。

③连接诊断仪 VDS1000，读取 BMS 数据流，查看数据流中"主接触器"和"负极接触器"状态是否为"吸合"。吸合是充电柜故障；不吸合是高压配电箱故障。

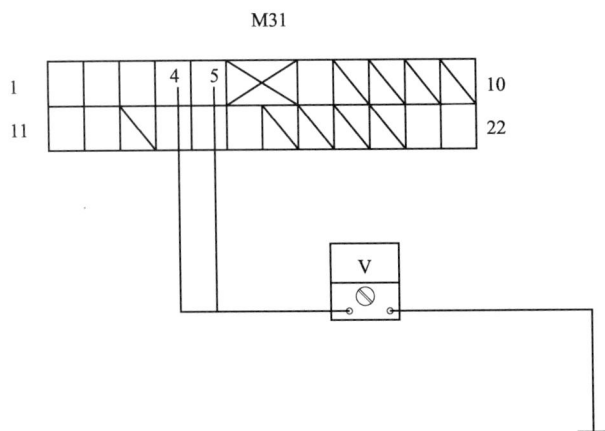

图 3-44 比亚迪 e6 直流充电低压线路测量

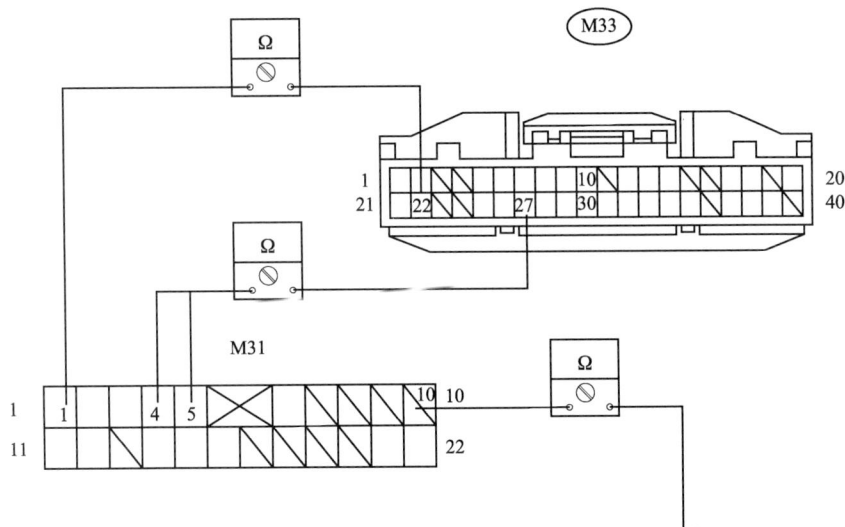

图 3-45 比亚迪 e6 充电控制线路测量

4. 故障诊断

本故障案例是真实故障，在实际故障诊断步骤中，经过检测诊断，诊断确定控制线路 DC 熔断丝 FX/1（15A）熔断，更换后恢复正常。

故障二：驱动电机旋转变压器故障

1. 故障现象

车辆无法起动运行或起动后动力输出较小，仪表显示动力系统故障灯常亮。使用诊断仪读取故障码见表 3-10。

驱动电机旋变故障码　　　　　　　　　　　　　表 3-10

故　障　码	故　障　含　义
P1BBF00	驱动电机旋变故障,信号丢失

2.故障分析

通过对上述故障现象及故障码分析可知,原因有两种情况,一是电机旋转变压器故障或连接线路故障,另一种为电机控制器故障。

电机控制器是电驱动系统的核心执行模块,电机控制器接收电池管理器和整车控制单元的信息,控制三相驱动电机的运转,并实现电机转速、方向和转矩的改变。电机控制器通过接收电机的旋转变压器输出的电机角度信号反馈,来输出控制命令,实现系统的闭环控制。故障排除时,可先排除电机控制器供电线路故障,再逐步确认并排除旋转变压器、驱动电机、电机控制器等故障。

3.故障诊断流程

电机控制器供电线路和搭铁线路如图 3-46 所示。

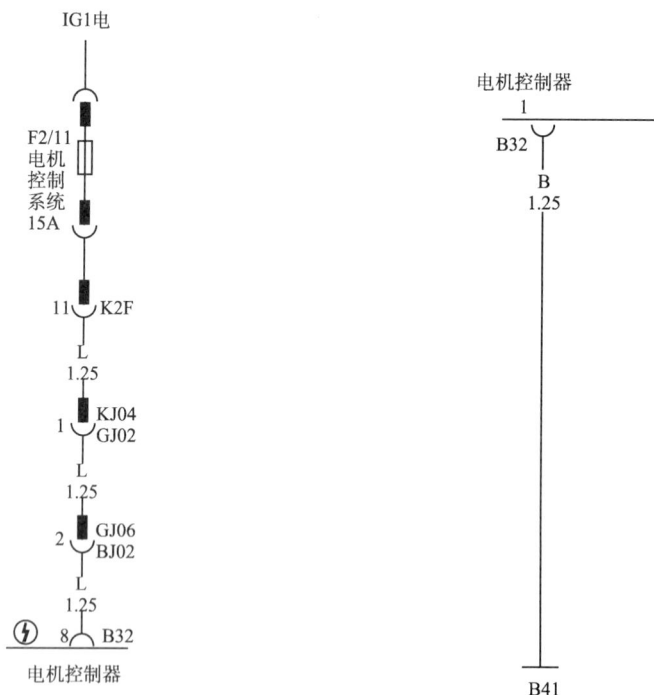

图 3-46　电机控制器供电线路和搭铁线路

(1)检查电机控制器供电线路。

拔下电机控制器低压连接器 B32,电源打到 ON 挡,使用电压表测量电机控制器低压连接器 B32 的 8 端子与车身搭铁之间的电压,如图 3-47 所示,正常值 11～14V。若无电压,检查电机控制系统熔断丝 F2/11 是否熔断。是,更换相同规格的熔断丝后进行测量;否,进行下一步检查。

(2)测量电机控制器低压连接器 B32 的 8 端子至电机控制系统保险丝 F2/11 之间的线

路阻值,如图 3-48 所示,标准值应小于1Ω。若线束阻值不符合标准,维修或更换出现断路或短路的线路。

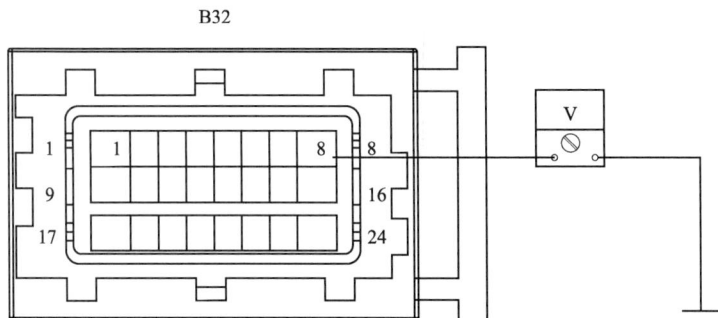

图 3-47　检查电机控制器供电电源

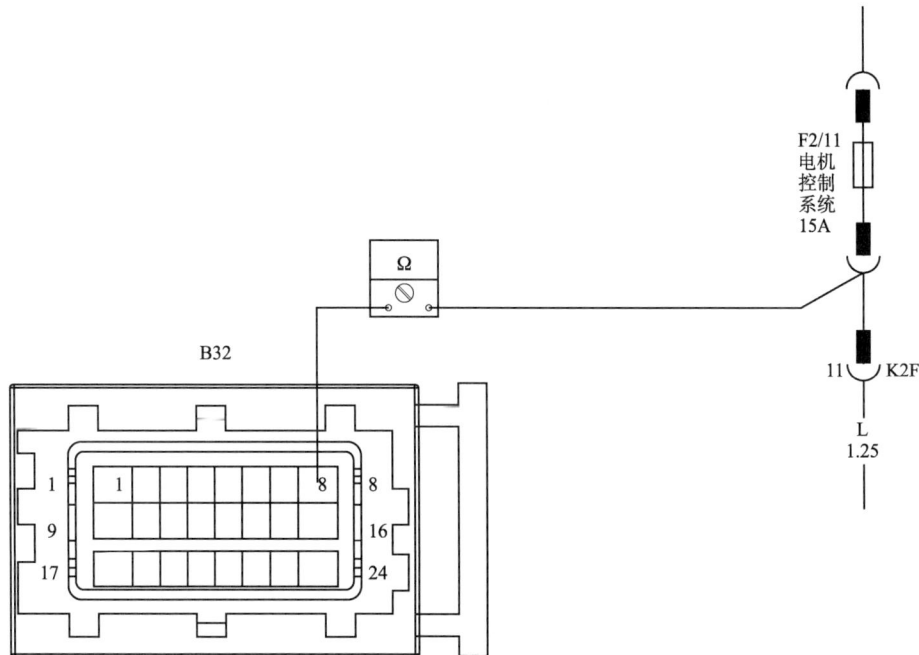

图 3-48　检查电机控制器供电线路

（3）测量电机控制器低压连接器 B32 的 1 端子与车身搭铁之间的线路阻值,如图 3-49 所示,标准值应小于1Ω。若线束阻值不符合标准,维修或更换出现断路或短路的线路。

（4）检查电机控制器与电机低压端子线束电阻(图 3-50)。

①退电到 OFF 挡。

②拔下电机控制器低压连接器 B33,电机低压连接器 B22 和 B23。

③检查电机控制器和电机低压线束之间阻值,见表 3-11。若线束阻值不符合标准,维修或更换出现断路或短路的线路。

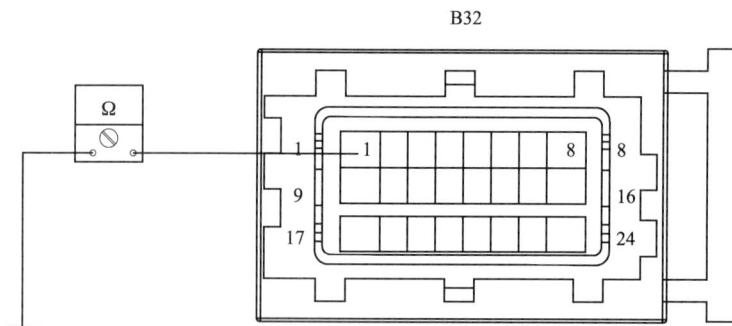

图 3-49　检查电机控制器搭铁线路

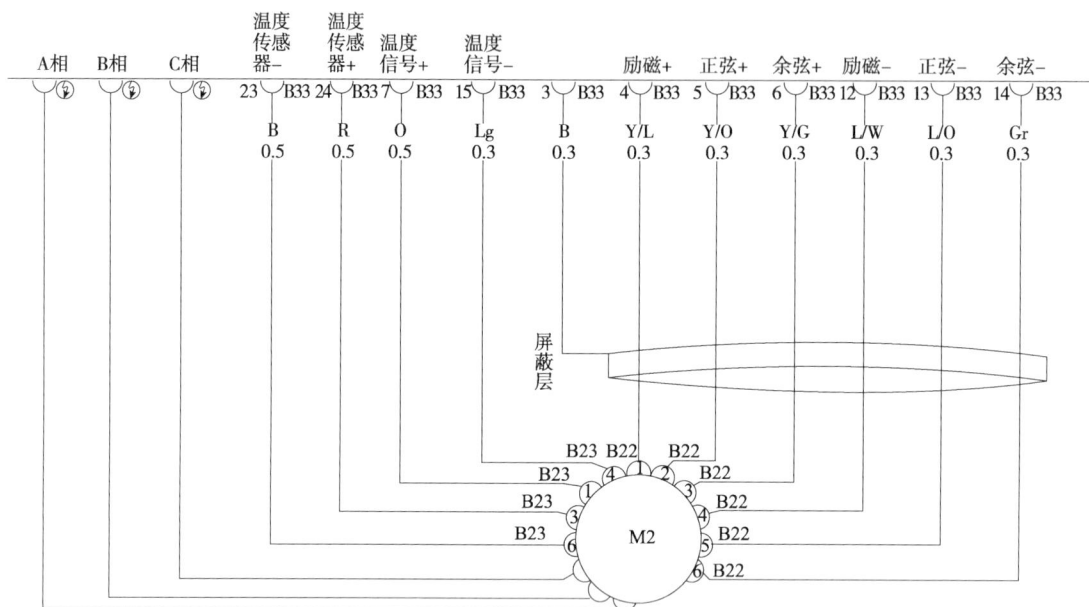

图 3-50　电机控制器与电机低压端子线束电阻检查

电机控制器与电机低压端子线束电阻检查　　　　　　　　　表 3-11

电机控制器端子	电机端子	线　色	正　常　值
B33/7	B23/1	O	<1Ω
B33/15	B23/4	Lg	<1Ω
B33/4	B22/1	Y/L	<1Ω
B33/5	B22/2	Y/O	<1Ω
B33/6	B22/3	Y/G	<1Ω
B33/12	B22/4	L/W	<1Ω
B33/13	B22/5	L/O	<1Ω
B33/14	B22/6	Gr	<1Ω

（5）测量电机旋转变压器阻值。

①退电到 OFF 挡。

②拔下,电机低压连接器 B22、B23。

③测量电机的阻值是否符合标准,见表 3-12。如果所测电阻正常,则检查电机旋转变压器接插件是否松动,如果没有,则为前驱电机控制器故障;反之,电机总成故障。

测量电机旋变阻值　　　　　　　　　表 3-12

电机端子 (针脚定义)	电机端子 (针脚定义)	正　常　值
B22/1(励磁 +)	B22/4(励磁 −)	8.1 ±2Ω
B22/2(正弦 +)	B22/5(正弦 −)	14 ±4Ω
B22/3(余弦 +)	B22/6(余弦 −)	14 ±4Ω
B22/1(励磁 +)	B22/4(励磁 −)	<1Ω
B33/6	B22/3	<1Ω
B33/12	B22/4	<1Ω
B33/13	B22/5	<1Ω
B33/14	B22/6	<1Ω

4.故障诊断

本故障案例是真实故障,在实际故障诊断步骤中,经过故障原因分析、检测诊断、故障确定、排除故障,维修后恢复正常。

技能实训

(一)实训目标

(1)掌握纯电动汽车高压安全防护措施和操作规范;

(2)学会使用诊断仪对纯电动汽车进行检测和分析;

(3)学会运用技术资料分析纯电动汽车常见故障原因和故障检测诊断基本方法;

(4)掌握典型纯电动汽车的故障检测诊断的基本思路和方法。

(二)设备/工具/耗材

(1)北汽 EV150/160/200,比亚迪 e5/e6,荣威 e50,或其他纯电动汽车整车或台架。

(2)诊断仪(与实训车辆配套),万用表,试灯。

(3)举升机、工具车、绝缘工具、拆检工具。

(4)高压安全防护套装、绝缘垫。

(5)汽车维修护垫三件套、车内三件套、抹布。

(6)原厂维修资料。

(三)安全防护与操作

1.安全防护要求

纯电动汽车具有高压装置,涉及整车高压的部分有:整车高压线束(橙色)、动力电池包、高压配电箱、车载充电器、驱动电机控制器及 DC 总成、空调压缩机、PTC 加热器、维修开关等。为确保人身安全,避免操作不当引起安全事故的发生,在检测维修高压部分时,必须严格执行高压安全防护要求,佩戴良好的高压绝缘手套,严禁用手触碰高压部件和导向等,断开维修开关并在安全保存的基础上才能进行作业,其余具体要求详见本系列教材中的《高压安全与防护》教材中的相关内容。

2．安全维修操作规范

(1)识别实训纯电动汽车的高压部件,包括动力电池包、高压配电箱、车载充电器、驱动电机控制器及 DC 总成、电动力总成、一体化压缩机、PTC 加热器、维修开关。

(2)纯电动汽车整车橙色线束均为高压线,严禁带电触碰。

(3)检修高压系统时,整车电源必须处于 OFF 挡(并且车辆处于非充电状态),并拔下维修开关;紧急维修开关拔下后,由专职监护人员保管,并确保在维修过程中不会有人将其插上。

(4)当需要维修或更换高压配电箱时,应小心拔出连接电池包的正、负极高压接插件,使用绝缘胶带包好裸露的电线头,避免触电。

(5)在断开紧急维修开关 5min 后,进行检修高压系统前应使用万用表测量高压回路,确保无电。

①测量电池包正极和车身之间的电压来初步判断是否漏电。若检测到电压大于等于 50V,则说明电池包漏电,应立即停止操作。

②使用万用表测量高压时,需注意选择正确量程,检测用万用表精度不低于 0.5 级,要求具有直流电压测量挡位,量程范围不小于或等于 600V 并遵守"单手操作"原则。

③所使用的万用表一根表笔线上配备绝缘鳄鱼夹(要求耐压为 3kV,过电流能力大于 5A),测量时先把夹子夹到电路的一个端子,然后用另一只表笔接到需测量端子测量读数。每次测量时只能用一只手握住表笔;测量过程中,严禁触摸表笔金属部分。

(6)在低压调试时维修开关不装配,在进行高压调试时,必须由专职监护人指挥装配维修开关。

(7)高压调试必须在低压调试好的前提下调试,便于判断电池是否有漏电的情况,如有漏电情况应及时检查,不能进行高压调试。

(8)拆装动力电池包总成时,首先把高压配电箱连接高压线束插接件用绝缘胶带缠好,拆装过程不要损坏线束,以免发生触电危险。

(9)检修或更换高压线束、油管等经过车身钣金孔的部件时,需注意检查与车身钣金的防护是否正常,避免线束、油管磨损。

(四)作业单

姓名:＿＿＿＿　　　　班级:＿＿＿＿　　　　学号:＿＿＿＿

实训车型:＿＿＿＿　　　　　　　　17 位 VIN 码:＿＿＿＿

纯电动汽车类型:＿＿＿＿　　　　　汽车上诊断座位置:＿＿＿＿

诊断仪型号:＿＿＿＿

1．进厂报修

客户进厂报修,填写问诊单(表 3-13)。

北汽新能源售后服务环检问诊单

表 3-13

客户姓名		车牌号		里程数	公里
联系电话		VIN		进店时间	时　分
车型		颜色		是否为预约客户	□是　□否
是否环检	□是　□否	维修类别	□维护 □机修 □钣喷 □其他	是否洗车	□是　□否
客户描述：			初步诊断：		

问诊	1. 发生的时间：□突然 □（ ）天前 □（ ）月前 □其他（ ）
	2. 症状出现频率：□经常 □偶尔 □__日/周/月__次
	3. 工作状态：□冷机 □热机 □起动时挡位 □（ ）空调开关 □其他（ ）
	4. 何时发生：□发动 □怠速 □起步 □行驶中 □加减速 □转弯 □倒车 □其他（ ）
	5. 道路状况：□高速路 □国道 □城市道路 □坡道 □颠簸 □其他（ ）
	6. 天气状况：□全天候 □晴天 □雨天 □阴天

功能及物品确认

车辆环检	油/液	□缺 □滴 □其他（ ）
	外部灯光	□好 □坏 □其他（ ）
	内部灯光	□好 □坏 □其他（ ）
	玻璃升降	□好 □坏 □其他（ ）
	中央门锁	□好 □坏 □其他（ ）
	空调系统	□好 □坏 □其他（ ）
	音响系统	□好 □坏 □其他（ ）
	点烟器	□好 □坏 □其他（ ）
	备胎	□好 □坏 □其他（ ）
	随车工具	□好 □坏 □其他（ ）
	SOC 位置	Empty — 1/2 — Full
	车身外观确认：□完好 □划伤 □损坏	

其他事项	充电:是□ 否□

1. 本人同意贵司检查以上项目。
2. 维修完成后,客户凭此单取车,请妥善保管。

客户: 　　　日期: 　　　　　　　　　　服务顾问: 　　　日期:

　　　　　　电话: 　　　　　　　　　　　　　　　　　　　电话:

2.观察仪表盘的显示情况

(1)仪表(表3-14)

仪 表 显 示 情 况　　　　　　　　　　表3-14

仪表图形	作　用	显　示　情　况	分析是否正常

(2)警示灯(表3-15)

警示灯显示情况　　　　　　　　　　表3-15

警示灯图符	作　用	显　示　情　况	分析是否正常

(3)总结分析仪表盘故障显示情况

3.读取故障码,填写表3-16

故障码读取与分析　　　　　　　　　　表3-16

系　统	故　障　码	故障码类型 历史码:H;当前码:N	故障码含义	分　析
		H N		

系　　统	故　障　码	故障码类型 历史码:H;当前码:N	故障码含义	分　　析
		H N		
		H N		
		H N		
		H N		
		H N		
		H N		
		H N		

4.读取数据流

读取各系统的数据流,观察故障数据(显示红色),并填入表3-17。

故障数据流分析   表3-17

检测系统	故　障　数　据	显示值	单位	分　　析

5.清除故障码

清除故障码,再次读取故障码,完整填写表3-16的故障码类型栏。

6.写出检测诊断方法

根据上述故障码和数据流分析可能故障原因,填写实训作业表3-18,写出检测诊断方法。

故障检测诊断步骤和方法   表3-18

分析可能故障原因:		
检测诊断步骤和方法		
步骤序号	检测诊断内容	检测结果
检测诊断故障结果 故障排除方法		
实训体会		
教师点评		

注:1.本实训作业单是北汽纯电动汽车的故障诊断作业单,其他纯电动汽车参照填写问诊作业单。

　　2.故障设置由指导教师根据实训车辆故障设置系统设置。

模块小结

(1)电机、电池与电控的"三电"技术是新能源汽车的核心技术。纯电动汽车没有传统的燃料发动机,完全由可充电电池提供动力源,用电机驱动车辆行驶。

（2）纯电动汽车主要由电源系统、动力驱动与控制系统、车身、底盘、电器，以及安全保护系统等构成，对不同品牌的纯电动汽车，基本组成是相同的。

（3）判断纯电动汽车的故障，首先要了解被检车辆是什么车型，了解结构组成与特点，不同车型的纯电动汽车的控制系统和部件是有差别的，所以故障原因及检测诊断的具体方法是不完全一样的。

（4）对故障车首先要了解故障在什么情况下发生的，要分析故障是属于低压故障还是属于高压故障，从而缩小故障检测诊断的范围。

（5）纯电动汽车最常见故障现象有车辆无法启动，续航里程缩短，无法监控电池状况，加速无力等。故障原因大部分都是"电"故障。

（6）动力电池与电源管理系统常见故障有单体电池故障、线路或连接件故障和动力电池管理系统故障。

（7）电机与控制系统常见故障有电驱动电机故障、控制系统故障和工作电源系统故障。

（8）整车控制系统常见故障包括整车控制器故障、CAN线、传感器信号和电源等。

（9）充电系统的常见故障主要有慢速充电系统故障和快充电系统故障。分析诊断充电系统故障，根据故障产生的条件进行不同系统的检测诊断，如果在慢速充电和快速充电时都不能充电，应该对动力电池、动力电池管理系进行检测诊断，并检查是否由于存在高压漏电等原因，促使高压互锁起作用，从而产生不能充电的故障。

（10）检测诊断和排除纯电动汽车故障的必要条件是：

①学会查阅该车的原厂维修资料，了解该纯电动汽车的结构、工作原理、主要部件安装位置；

②掌握主要部件的作用、安装位置、检测诊断和分析方法；

③查阅资料了解主要技术参数；

④掌握识读和分析该车电路图的能力；

⑤学会该车系诊断仪的使用方法和检测数据分析能力；

⑥掌握故障分析能力，针对发生的故障现象能制定正确的检测诊断流程。

（11）严格按照高压安全操作规范进行操作。

思考与练习

（一）填空题

1. _____、_____与_____的"三电"技术是新能源汽车的核心技术。

2. 驱动电机组件由_____、_____、_____、_____和壳体等组成。

3. 纯电动汽车动力系统主要是将驾驶员的操作意图，通过各类_____把_____传递给_____；_____在识别驱动系统和动力电池系统的信号，并且结合车辆目前的行驶状态进行综合处理，形成一个最新的操作指令发送至_____系统和_____系统，使车辆能够按照驾驶员的意愿进行运动。

4. 当车辆在正常行驶时，动力系统会根据驾驶员给出的指令，及时将_____中储存的电能输送到_____，_____将_____的直流电能转变成为适合于驱动电机的_____，并把电能转变成为_____，驱动车辆行驶。

5. 对故障车首先要了解故障在什么情况下发生的，要分析故障是属于_____故障还是_____故障，从而缩小故障检测诊断的范围。

6. 纯电动汽车常见故障的原因大部分都是_____故障。

7. 驱动电机本身故障会造成_____、_____、_____、_____等故障。

8. 电机不能正常运行的故障原因有：_____、_____、_____、_____、_____等。

9. 动力电池系统故障按照故障发生的部位可以分为三类，即_____故障、_____故障、_____故障。

10. 整车控制系统的常见故障主要有_____故障、_____故障和_____故障。

(二)判断题

1. 慢速充电主要有慢充充电口、车载充电机、充电桩/220V(16A)市电接口和充电线束组成。 (　　)

2. 北汽 EV160 的车载充电机上有三个充电指示灯，分别是绿色的交流指示灯、黄色的工作指示灯和红色的警告指示灯。 (　　)

3. 北汽 EV160 的驱动电机系统主要包括驱动电机组件和电机控制器。其中，驱动电机组件主要由永磁同步电机、旋变传感器、温度传感器、冷却循环水道和壳体等组成。 (　　)

4. 北汽 EV160 的 DC-DC 变换器共有四个接线口，分别是低压输出负极、低压输出正极、高压输入正极、高压输入负极。 (　　)

5. 北汽 EV150 的动力电池系统主要由动力电池模组、电池管理系统、动力电池箱和辅助元器件等组成。 (　　)

6. 荣威 E50 纯电动汽车由 5 种类型的数据总线组成，分别是高速 CAN1、高速 CAN2、本地 CAN1、本地 CAN2 和 MOST 总线。 (　　)

7. 荣威 E50 本地 CAN1 总线上共连接 4 个模块，即：BMS 电池管理系统、T-BOX 通信模块、PEB 电力电子箱和 Slow Charger 慢充充电器。 (　　)

8. 荣威 eRX5 混合动力汽车的动力电池温度高，应检查发动机冷却系统工作事故否正常。 (　　)

9. 荣威 E50 的高压惯性开关属于主动安全装置。 (　　)

10. 荣威 E50 纯电动汽车冷却系统分为 3 个独立的系统。 (　　)

(三)简答题

1. 制动能量回馈有四个重要的前提条件是什么？

2. 北汽 EV 系列纯电动汽车，当车辆发生故障时，整车控制器会根据故障等级的不同，执行哪 7 种不同的操作？

3. 简述荣威 E50 冷却风扇的工作条件。

模块四 混合动力汽车故障诊断与分析

📚 **学习目标**

1. 了解混合动力汽车的分类和基本结构及特点;
2. 熟悉混合动力汽车故障诊断和检测作业的安全注意事项;
3. 熟悉混合动力汽车典型故障诊断思路及检测步骤;
4. 掌握混合动力汽车典型故障现象和原因;
5. 掌握混合动力汽车典型故障分析和检测能力;
6. 掌握混合动力汽车典型故障诊断与排除方法。

📖 建议课时:6~8课时。

一、诊断混合动力汽车故障的能力要求

混合动力汽车按驱动动力耦合的方式有三种:第一种是以发动机为主动力,电动机作为辅助动力的"并联方式";第二种是只用动力电动机驱动行驶的电动汽车"串联方式";第三种是"混联方式"。掌握混合动力汽车的分类和结构形式,是分析诊断混合动力汽车故障的基础。

(一)掌握混合动力汽车故障诊断的基础要求

要学会混合动力汽车故障分析的能力,必须具备以下知识和基本操作能力:

(1)熟悉混合动力汽车的分类、整车结构,各部件的作用、结构与工作原理;

(2)了解整体控制原理和各系统的控制原理;

(3)能识读和分析电路图;

(4)掌握诊断仪和万用表等检测仪器的操作使用方法,知道故障码的含义和产生故障码的条件,知道主要数据流的含义、标准值,以及造成数据不正确的原因;

(5)能够熟练运用维修手册。

(二)掌握混合动力汽车故障诊断的检测能力

(1)能正确观察仪表板上的仪表和警示灯状态,了解其含义并能做相应的检测。

(2)能正确使用诊断仪对车辆进行全面检测,能够熟练使用诊断仪的所有功能,包括读取/清除和分析故障代码(定义及运行、设置条件)、读取和分析数据流、进行部件驱动测试、设置(校准或标定)及更新控制程序。

(3)熟练使用必要设备或仪器量具根据维修手册和电路图进行正确测量,并判断测量结果。

(三)掌握混合动力汽车故障诊断的分析判断思路

判断混合动力汽车故障,首先要了解被检车辆是什么类型的车辆,是串联型、并联型还是混联型,不同类型的车辆,由于组成与结构不同,故障原因及检测诊断方法会有所不同。

其次要了解在什么驱动模式下发生故障,是在纯电动工作模式、发动机工作模式还是在混合动力工作模式下发生故障,从而缩小故障检测诊断的范围,提高故障诊断效率。产生故障时的不同汽车运行模式如图4-1所示。

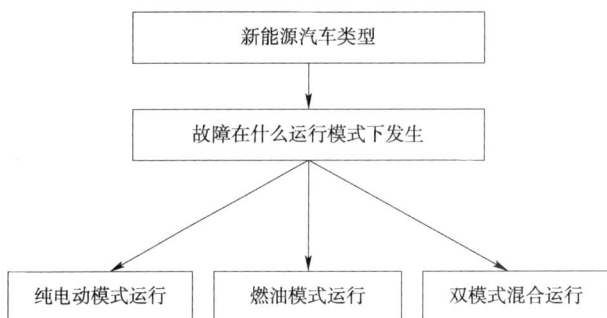

图4-1 产生故障时的不同汽车运行模式

1.相同故障在不同驱动类型车辆上的检查方法

由于不同驱动类型的混合动力汽车组成与结构不同,所以,同样的故障现象,在不同驱动类型的混合动力汽车上,其诊断方法可能不一样。例如:

1)串联型混合动力汽车不能起动运行的故障

从串联式插电混合动力汽车结构可以看到,串联型混合动力汽车的驱动动力源是唯一的电动机,所以电机可作为诊断的切入口之一。基本检查流程如图4-2所示。

2)并联型、混联型混合动力汽车不能起动运行的故障

并联型和混联型混合动力汽车的起动动力源是发动机的起动机,所以诊断切入口是起动机。其基本检查流程如图4-3所示。

2.纯电动运行模式下发生故障

如果并联或混联混合动力汽车在发动机运行模式时工作正常,而在纯电动运行模式时工作不正常,应在电力驱动系统进行检查分析。故障原因可能是以下系统发生故障:

动力电池和管理系统(包括动力电池系统、动力电池管理系统、动力电池电路系统、动力

电池冷却系统等)故障,电机与管理系统(包括驱动电机、驱动电机控制系统故障)故障,变速器系统故障,整车管理系统故障。

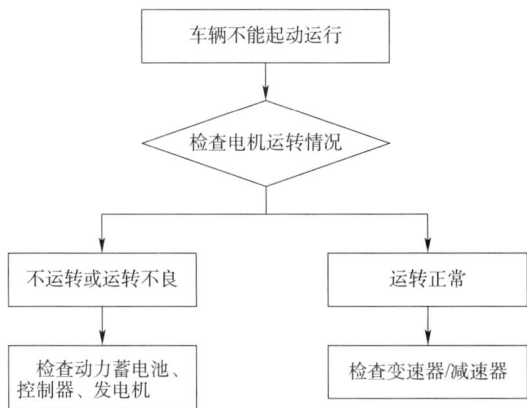

图 4-2　串联式混合动力汽车不能起动运行故障的基本检查流程

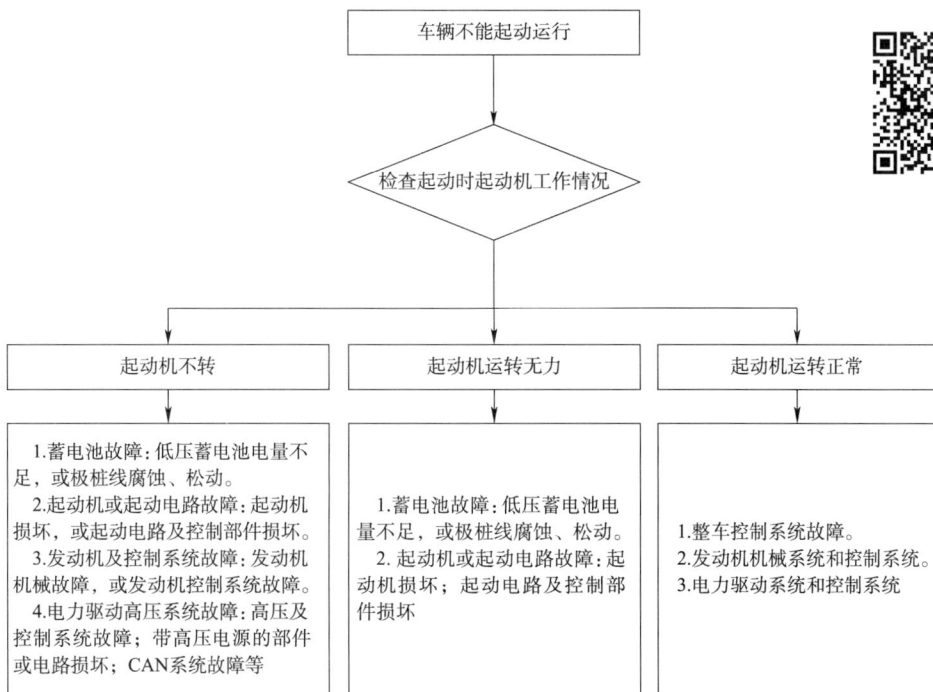

图 4-3　并联型、混联型混合动力汽车不能起动运行故障的基本检查方法

3.燃油模式运行时发生的故障

如果并联或混联混合动力汽车在发动机运行模式时工作不正常,就应对发动机系统进行检查分析。故障原因可能是:发动机机械故障、发动机电控系统故障、变速器系统故障、整车管理系统故障。

4.两种动力混合运行时发生故障

如果并联和混联混合动力汽车在混合动力工作时不正常,就应对耦合系统进行重点检查分析。故障原因可能是:变速器系统(耦合系统)故障、差速器故障、电力驱动控制系统故障、整车管理系统故障。

二、混合动力汽车的发动机系统常见故障分析

(一)常见故障征兆

一些重要故障征兆如下。

1.发动机方面

不能起动运行,发动机缺火、不稳定或发出砰砰声响,动力显著降低,发动机冷却液温度持续偏高,异常的发动机噪声,车辆下部漏液(使用后的空调滴水是正常的),排气音有变化等。

2.电驱动方面

发动机不能起动运行,电机无法起动,电机有卡滞现象及异常响声,电机运转时有过大振动,电动总成有漏油现象、异味排出等。

如果发生以上故障状况,应尽快将车开到具有资质的汽车维修厂,车辆可能需要调整或修理。

(二)发动机正常运行的必备条件

混合动力汽车的发动机故障原因和故障现象,与电控汽油发动机相同。但需要增加考虑的因素是在混合动力汽车的高压互锁作用下会造成发动机不能起动运行的故障。

要使发动机能正常运行必须满足4个条件:要有符合规定的气缸压缩压力、要有正确的点火时刻、要有足够的点火能量、要有恰当的混合气空燃比。任何一个条件不满足或不完全满足就会使发动机运行不正常。

(三)故障信息的记录与分类

发动机电子控制单元不断地监测传感器、执行器、相关的电路、故障指示灯和蓄电池电压等,包括电子控制单元本身;对传感器输出信号、执行器驱动信号和内部信号进行可信度检测。一旦发现某个环节出现故障,或者某个信号值不可信,电子控制单元立即在RAM的故障存储器中设置故障信息记录。故障信息记录以故障码的形式储存,并按故障出现的先后顺序显示。

故障按出现的频度可分成"稳态故障"和"偶发故障"。

故障按信号错误类型可分成A、B、C、D四类。A类故障:信号超过正常范围的上限;B类故障:信号超过正常范围的下限;C类故障:无信号;D类故障:有信号,但信号不合理。

(四)根据故障现象进行检修的诊断流程

1.故障诊断前的初步检查

在根据发动机故障现象进行故障诊断之前,首先应进行下列初步检查:

（1）确认发动机故障指示灯工作正常；

（2）用故障诊断仪检查,确认没有故障信息记录；

（3）确认车主投诉的故障现象存在,并确认发生该故障出现的条件。

如果存在上述问题,首先做相应检查。

2.外观检查

（1）检查燃油管路是否有泄漏现象；

（2）检查真空管路是否断裂、扭结,连接是否正确；

（3）检查进气管路是否堵塞、漏气、被压扁或损坏；

（4）检查点火线圈的外观,是否有鼓包、烧熔,点火顺序是否正确；

（5）检查冷却系统管路是否堵塞、漏水；

（6）检查增压器的外观有无擦伤,涡轮轴组件是否能自由转动,叶轮有无因冲击而损坏的现象；

（7）检查涡轮壳和相关管路接头是否有废气泄漏,进气系统有无泄漏；

（8）检查线束搭铁处是否干净、牢固；

（9）检查各传感器、执行器接头是否有松动或接触不良的情况。

重要提示:如上述现象存在,则先针对该故障现象进行维修作业,否则将影响后面的故障诊断和维修工作。

(五) 发动机常见故障现象与原因分析

发动机常见故障现象与主要故障原因分析见表4-1。

发动机常见故障现象与主要原因 表4-1

序号	故障现象	主要故障原因分析
1	起动时曲轴不转	机械故障,发动机内部运转部件咬死
2	发动机运行时有异响	机械故障,发动机内部运转部件磨损、装配不良
3	起动机运转正常,发动机不能起动运行	1.起动机损坏或起动控制电路故障； 2.蓄电池亏电或极桩线接触不良； 3.气缸压力低； 4点火系统能量不足或点火正时不正确； 5.无燃油压力或燃油系统其他故障； 6.因燃油系统、传感器、废气回收系统、涡轮增压、进气系统漏气等造成混合气过浓或过稀； 7.ECU损坏(外接装置过载导致ECU内部元器件损坏或烧毁,进水导致线路板腐蚀)； 8.高压互锁使发动机不能起动运行
4	冷车难起动	1.水温传感器等造成冷起动时混合气过稀； 2.喷油器漏油； 3.点火能量不够； 4.节气门体脏污； 5.线路故障

续上表

序号	故障现象	主要故障原因分析
5	热车难起动	1.水温传感器等造成热起动时混合气过浓; 2.喷油器漏油; 3.燃油压力、点火能量,以及线路故障
6	任何时候难起动	1.空滤器堵塞,进气道漏气; 2.燃油压力低; 3.点火能量低,火花塞型号或间隙不符规范; 4.节气门体脏污; 5.喷油器不良,喷油量不符规定或喷油雾化不良; 6.气缸压力不足; 7.点火顺序或点火正时不符合规范
7	无规律的难起动	1.导线损坏,接插件接触不良; 2.电器元器件质量差或损坏
8	发动机动力差,加速性能差	1.燃油系统压力不正确,喷油器喷油不良; 2.火花塞、高压导线、点火器故障造成点火性能差,点火正时不正确; 3.点火顺序或点火正时不正确; 4.气缸压缩压力低; 5.三元催化器堵塞,涡轮增压故障等
9	发动机油耗大	1.空滤器堵塞; 2.传感器信号不正确; 3.喷油器雾化不良; 4.点火正时不正确; 5.发动机机械故障
10	发动机怠速抖动(怠速抖动、缺缸抖动、怠速过高、怠速过低)	1.空滤器堵塞,进气道漏气; 2.怠速控制器脏、堵、卡; 3.节气门体脏污; 4.拆洗后未对怠速系统重新设定; 5.火花塞型号或间隙不符规范; 6.点火顺序或点火正时、燃油压力、气缸压力等不符合规范; 7.喷油器喷油不良; 8.曲轴箱通风系统故障

电控汽油发动机典型故障:发动机缺火,且发动机内部没有噪声异响;发动机动力差,加速无力;起动时,发动机可以拖转但不能成功起动;热车起动困难;冷车起动困难;发动机任何时候均起动困难,起动后正常;发动机起动正常,但起动后怠速不稳;发动机起动正常,暖机过程中怠速不稳;发动机起动正常,暖机结束后怠速不稳;发动机起动正常,起动部分负荷(如开空调)时怠速不稳或熄火;发动机起动正常,怠速过高;发动机加速时转速上不去或熄火;发动机加速时反应慢;发动机加速时无力,性能差;发动机加速或匀速时车辆顿挫、抖动。

混合动力汽车的发动机与传统电控汽油发动机相同,所以故障诊断分析方法与传统电控汽油发动机相同。

三、混合动力汽车电力驱动系统部件故障诊断与排查

(一)绝缘故障的诊断及排查

混合动力汽车和纯电动汽车都能以纯电池动力来驱动车辆运行,动力电池的输出电压(电流)一般在 250～600V,甚至更高。一般环境条件下允许持续接触的"安全特低电压"是直流 36 V(目前国际上认为是 60V),动力电池输出的直流电压已远远超过该安全电压,因此,国家电动汽车相关标准对人员的触电防护提出了明确的要求,其中包括对绝缘电阻值的最低要求。根据《电动汽车用锂离子动力蓄电池包和系统 第 3 部分 安全性要求与测试方法》(GB/T 31467.3—2015)第 5.1.5 条规定,蓄电池包和系统在所有测试前进行绝缘电阻测试。要求绝缘电阻值不小于100Ω/V。各整车厂开发的新能源车辆,根据各自设定的电压等级来确定动力系统的绝缘电阻报警阀值。动力系统出现绝缘故障,仪表盘上报警灯点亮,储存相应的故障码,诊断仪读出数据,非标准数据使用突出显示。应使用手摇式或电子式兆欧表检测电阻绝缘性能是否衰退,检测方法如图 4-4 所示。手摇式或

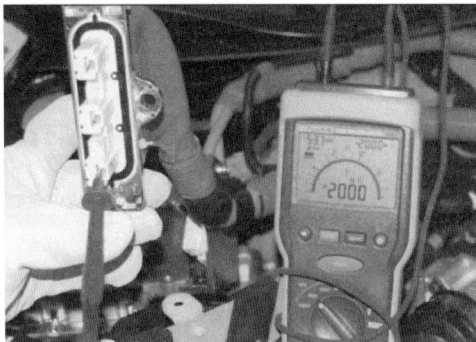

图 4-4 使用 FLUKE 1507 绝缘电阻测试仪检测绝缘电阻

电子式兆欧表表笔一端连接拆下的线束端或部件端,另一端与车身或部件导电壳体连接,读取到的兆欧表数值即为电阻值。

1.比亚迪·秦混合动力汽车的漏电传感器

比亚迪·秦混合动力汽车高压系统由动力电池包、高压配电箱、交流充电口、车载充电器、分布式电池管理系统、维修开关、漏电传感器、驱动电机控制器与 DC(转换器)总成、高压电缆等组成。漏电传感器安装在车身后搁物板前加强横梁上,如图 4-5 所示。其功用是用于对电动汽车直流动力电源母线与其外壳、车身底盘之间的绝缘阻抗的检测,通常检测与动力电池输出相连接的负极母线与车身底盘之间的绝缘电阻,来判断动力电池包的漏电程度。当动力电池包漏电时,传感器发出一个信号给电池管理控制器,电池管理控制器接到漏

电信号后,进行相关保护操作并报警,防止动力电池包的高压电外泄,造成对人或物品的伤害和损失。漏电故障主要分为两种,即一般漏电故障、严重漏电故障。一般漏电故障:负极母线与车身的绝缘阻值 $\leq 100 \sim 120 k\Omega$;严重漏电故障:漏电电阻 $\leq 20 k\Omega$。

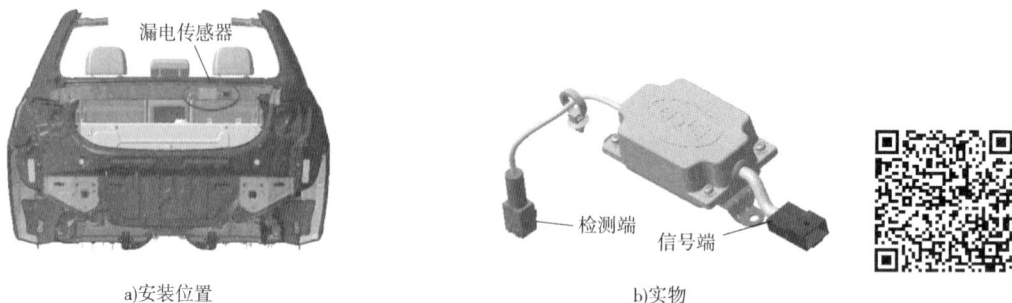

a)安装位置　　　　　　　　　　　　　　　b)实物

图 4-5　比亚迪·秦漏电传感器

使用绝缘电阻测试仪检查直流高压接插件方法:断开维修开关,拔下高压接插件,用绝缘电阻测试仪测量控制器上高压接插件正极、负极对控制器外壳阻抗,一般应大于 $20 M\Omega$。

2. 绝缘电阻过低故障的基本诊断方法

首先,用诊断仪读取故障码,并读取相应系统的数据流,结合故障码和数据流作相应的检测。故障码和数据流不会显示故障点或范围,需要制定诊断流程进行检测诊断。

其次,检查并排除相关系统之间线路连接的故障,然后将检查重点集中在高压部件的绝缘电阻过低方面。在检查高压系统时,要将高压系统分成高压电源和高压用电两部分进行排查,缩小排查目标,提高排查效率。如果高压用电部分绝缘电阻存在故障,可逐个断开高压部件检查,拔开某个高压部件后绝缘电阻显示正常,说明该高压部件存在绝缘电阻故障。

3. 绝缘故障的报警

一般电动汽车的最低报警绝缘电阻值设定为 $500 \ k\Omega$,由电池管理系统(BMS)承担检测功能。当检测到的绝缘电阻值低于该值时,BMS 将储存对应的绝缘故障代码并上报给整车管理系统,由整车管理系统指令组合仪表的故障灯点亮报警,有的还显示绝缘故障的文字。用诊断仪可读取北汽动力电池系统(BMS PPST)数据,可观察到"绝缘故障状态"的数据状态;用诊断仪读取比亚迪动力电池管理系统。可观察到"绝缘阻值"的数据状态。当组合仪表上显示绝缘故障的文字或报警灯点亮时,表示此时车辆出现绝缘故障,必须马上进行故障排查,以免出现人身安全事故。

4. 绝缘故障的基本排查流程

绝缘故障的种类和故障部件表现多样,可根据以下步骤进行初步排查:

(1)如车辆的仪表能正常显示,并正确反映是否有故障,那么说明 BMS 绝缘监测系统本身应是正常工作的。

(2)如诊断仪读取有绝缘故障代码,或数据流显示高压绝缘有故障,此时首先应检查低压控制线路是否正确或可靠连接。低压线束端插接件插针松脱和扭曲导致连接失效,这些也可能导致产生故障码。

（3）排除低压连接线路问题后，再检查排除 CAN 总线的通信故障，检查终端电阻阻值是否正常。若正常应该是 60Ω；如果测出是 40Ω，则可能信号被削弱，会导致 CAN 通信不正常。

（4）当高压部件出现绝缘电阻过低的故障，需要对高电压部件进行相关检查。由于绝缘检测系统无法对绝缘故障点进行定位，这时需要进行逐步的人工排查。

5. 高压系统绝缘故障的排查

高压系统由高压供电系统和高压用电部分组成。高压供电系统部分包括充电系统、电源转换装置、动力电池组、高压配电箱、动力电池管理系统；高压用电部分包括驱动电机系统、空调配电盒和空调压缩机、PTC 水加热器。所有高压导线全部放置在醒目的橘红色护套管内。高压接插件和维修开关也全部采用醒目的橘红色。

比亚迪汽车高压配电箱（High Voltage Distribution Assy，HVDB），安装在后行李舱电池包支架右上方（车后，面对行李舱观看），如图 4-6 所示。其功用是将电池包的高压直流电分配给整车高压电器使用，其上游是电池包，下游包括驱动电机控制器及 DC 总成、PTC 水加热器、电动压缩机、漏电传感器；将车载充电器的高压直流电分配给电池包。比亚迪汽车高压配电部分控制框图如图 4-7 所示。

高压配电箱外部有高压端子、低压线束、漏电传感器检测线、空调保险、车载充电保险。高压配电箱外部高压端子如图 4-8 所示。

图 4-6　比亚迪汽车高压配电箱
1-高压配电箱；2-外部端子

1）故障排查步骤

（1）断开低压电源，断开维修开关，确保安全操作条件。

（2）找到高压配电箱（图 4-6），断开高压配电箱外部高压端子动力电池输入端导线（图 4-8），从高压配电箱的电池组输入端（配电箱侧）测量对车辆底盘的绝缘电阻。如果绝缘电阻值正常，说明绝缘故障在上游动力电池组；如果绝缘电阻值低于报警电阻阈值，则对高压配电箱和外部负载检查。

（3）如果绝缘问题出现在动力电池箱端，则拔掉动力电池组上的所有连接线，分别测量电池组的正负极对车辆底盘的绝缘电阻。如果过低，说明对应的电池组有绝缘问题，需要进一步开箱查找电池本身原因。

（4）如果绝缘问题出现在高压配电箱和下游的负载，则依次拔掉高压配电盒高压电器负

新能源汽车
维护与检测诊断

载的连接线,如驱动电机、DC/DC、空调、PTC、动转泵、充电机等,同时测量高压配电箱内的总正极和总负极对车辆底盘的绝缘电阻。如上述某个负载接线拔掉后,绝缘正常或者提升,说明该负载存在绝缘问题,依次拔掉所有负载,即可确认故障点方向。

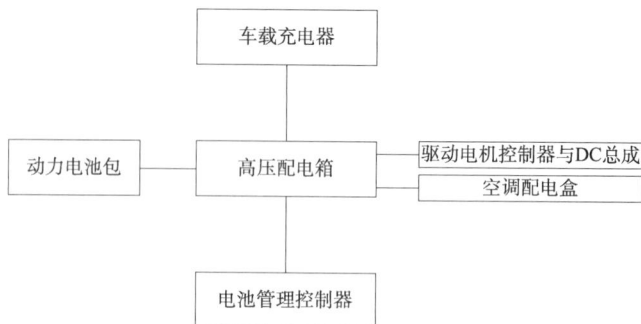

图 4-7　比亚迪汽车高压配电部分控制框图

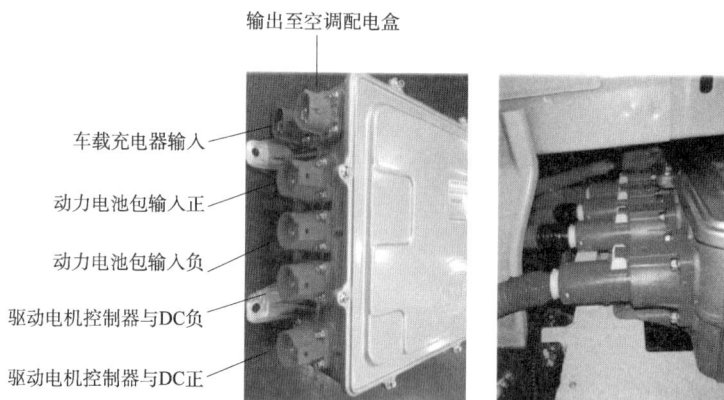

图 4-8　高压配电箱外部高压端子

2)操作注意事项

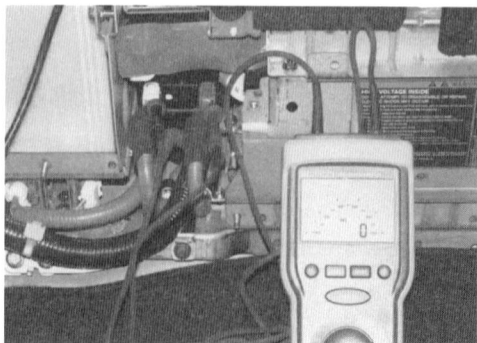

图 4-9　测量高压部件的残余高电压

在进行高压回路的排查前,为了确保安全,一定要按照相应的高压安全操作规程进行作业,操作人员按规定穿戴好防护用品,检查工具的绝缘性。操作时应戴绝缘手套,穿绝缘靴,站在绝缘台上。使用额定电压至少500V的电压表或测电笔,检测高压部件的残余高电压,如图4-9所示。通常主机厂在设计时都考虑了必须在3min以内将电压放至低于36V,考虑到拆装及维修准备时间,一般切断高压电10min以后,在锂电池处(断开动力电池与高压线束的连接)测量线束端子间的电压应在5V或以下,确保电压降至人体安全电压以内,以降低人体触电的风险。

· 132 ·

(二)动力电池与管理系统故障诊断与排查

动力电池为电动车提供动力电源。动力电池管理系统 BMS 对电池组进行管理,能够对单体电池电压、电池组总电压、温度、电流进行检测,并根据检测信息对电池组的均衡充电进行管理,以及对电池组提供保护,防止电池组过充、过放、短路等故障。BMS 通过 CAN 通信网络将电池组相关参数以及故障情况传递给整车控制系统。动力电池与管理系统常见故障有充放电电路故障、电池组故障和 BMS 故障。

1.充放电电路故障

若充放电电路发生短路,会导致锂电池损坏甚至爆炸,引发安全事故,因此根据电池容量在电池组的总正端配有标称 250～300A 的电流熔断器,在发生短路后熔断器自动断开电路。

比亚迪·秦充电系统常见故障见表4-2。根据充电流程图(图 4-10)和放电流程图(图4-11)可以制定充电和放电电路检测方法和步骤。

比亚迪·秦充电系统常见故障分析和处理　　　　　　表4-2

故障状态	可能原因	解决方法
充电装置已连接,已起动充电功能,但不能充电	电源置于 ON 挡	将电源置于 OFF 挡
	动力电池已充满	动力电池充满时,充电会自动停止
	12V 磷酸铁锂电池过放电	更换或维修低压磷酸铁锂电池
	车辆或交流充电连接装置故障	确定仪表盘上有电池故障灯点亮,或是有充电故障提示语,停止充电,与比亚迪认证的经销商联系
充电中途停止充电	电源断电	电源恢复后,充电会自动重新开始充电
	充电电缆没有连接完好	确认充电连接装置电缆没有虚接
	充电连接装置开关被按下	充电连接装置开关被按下则停止充电,需重新连接充电连接装置,起动充电
	动力电池温度过高	仪表显示动力电池温度过高报警指示灯,充电会自动停止,待电池冷却后再充电
	车辆或车载充电器方式故障	确认仪表提升,读取相关数据流分析

2.电池组故障

电池组作为电动车能源系统的核心部件,若发生故障将严重影响整车性能。由于电池组中各单体电池的特性差异,在多次充放电后,各单体电池特性差异可能越来越大,在充放电过程中无法达到充/放电同步,易发生过充/过放现象,会大大降低电池使用寿命甚至对其造成永久性损害。已达到使用寿命的单体电池若继续使用会大大降低整车的行驶距离。因此避免动力电池的过充/过放,并尽早发现已经达到使用寿命的电池并及时更换,对延长电池组整体使用寿命,提高电动车整体性能有重要作用。BMS 实时检测各单体电池电压,若某节单体电池电压在放电过程中迅速降低,说明其 SOC 过低,此时会给整车发送故障信号,建议停止运行并对电池组进行充电,以防止动力电池过放现象的发生。在充电过程中,为防止单体电池过充,对单体电池进行充电均衡。电池在达到使用寿命后,电量会大大降低,若电池电压降到设定值以下,其消耗的电量低于电池标称电量的50%,表明电池容量大大降低,将发送故障信号以便及时对其进行更换。使用诊断仪对电池组进行检测,可以获得电池组大量信息,是诊断排除电池组故障的主要手段。

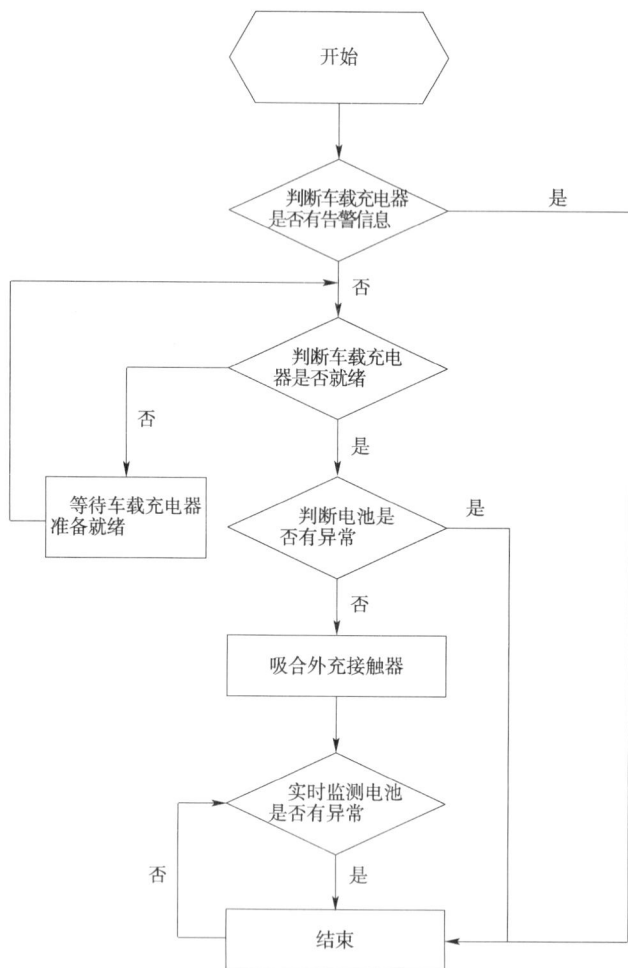

图4-10 比亚迪·秦充电流程图

3. BMS 故障

BMS 若发生故障将无法对电池组进行监测及有效管理,而且 BMS 本身元器件较多,可靠性相对其他系统较低,因此对其进行故障诊断很有必要。

比亚迪·秦的分布式电池管理系统(Distributed Battery Management System,DBMS),由10 个电池信息采集器(Battery Information Collector,BIC)和 1 个电池管理控制器(Battery Management Controller,BMC)组成。10 个 BIC 分别位于 10 个动力电池模组的前端,BMC 位于行李舱车身右 C 柱内板后段,如图4-12 所示。BMC 的主要功能是总电压监测、总电流监测、SOC 计算、充放电管理、接触器控制、功率控制、电池异常状态报警和保护、漏电报警、碰撞保护、自检以及通信功能等。电池异常状态报警和保护见表4-3。使用诊断仪对 BNS 管理系统检测,是诊断排除 BMS 系统故障的最主要的手段。

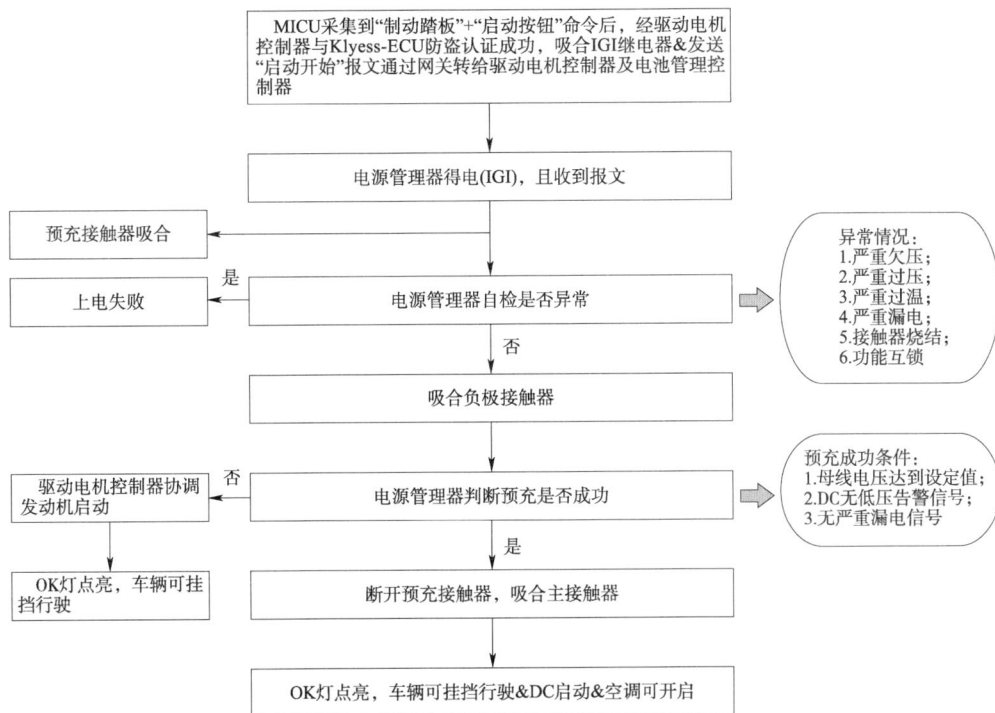

图 4-11　比亚迪·秦放电流程图

图 4-12　比亚迪·秦的动力电池管理系统

电池异常状态报警和保护　　　　　　　　　　　　　　　　表 4-3

故 障 状 态	电池管理器系统故障诊断状况
模块温度 > 65℃	一级故障:一般高温报警
模块(单体)电压 > 3.85V	一级故障:一般高压报警
模块(单体)电压 < 2.6V	一级故障:一般低压报警
绝缘电阻 < 设定值	一级故障:一般漏电报警
模块温度 > 70℃	二级故障:严重高温报警
模块(单体)电压 > 4.1V	二级故障:严重高压报警
模块(单体)电压 < 2.0V	二级故障:严重低压报警
绝缘电阻 < 设定值	二级故障:严重漏电报警

(三)驱动电机与控制系统

在混合动力汽车中,除了混合动力汽车所需的储能系统外,电机驱动及控制系统是最重要的系统。电机驱动控制系统包括电动机驱动系统与机械传动机构两个部分。电动机驱动系统主要由电动机、功率转换器、控制器、各种检测传感器以及电源等部分构成。

无论是串联型、并联型或混联型的混合动力汽车,都可以采用电机驱动车辆行驶。如果电机或电机驱动管理系统有故障,车辆将行驶不良或不能行驶。对并联型和混联型混合动力汽车,高压互锁将控制发动机不能起动运行。

在国家汽车行业标准《电动汽车用驱动电机系统故障分类及判断》(QC/T 893—2011)中,根据危害的程度,故障可分为致命故障、一般故障、轻微故障三级。把故障模式分为损坏性故障模式、退化性故障模式、松脱性故障模式、失调型故障模式、堵塞与渗漏型模式、性能衰退或失效型故障模式。

1. 检查电动机或诊断故障的简单方法

检查电动机或诊断故障时,可通过看、听、闻、摸四种方法来及时预防和排除故障,保证电动机的安全运行。

(1)看:观察电动机运行过程中有无异常,见表4-4。

观察电动机运行过程中有无异常 　　　　　　　　　　　　　　　　表4-4

故障现象	故障原因
电动机冒烟	定子绕组短路
转速会变慢且有较沉重的嗡嗡声	电动机严重过载或缺相运行
电动机正常运行时突然停止,接线处冒火花	冒火花的接线处松脱;保险丝熔断或某部件被卡住等现象
电动机剧烈振动	传动装置被卡住或电动机固定不良、轴承间隙过大、底脚螺栓松动等

(2)听:电动机正常运行时应发出均匀且较轻的嗡嗡声,无杂音和异响。若发出电磁噪声、轴承杂音、通风噪声、机械摩擦声等明显噪声,均可能是故障先兆或故障现象。噪声特点与原因见表4-5。

听电动机运行时的噪声 　　　　　　　　　　　　　　　　表4-5

噪声类别	噪声特点	噪声原因
电磁噪声	电动机发出忽高忽低且沉重的声音	轴承磨损从而使定子与转子不同心
		三相绕组存在误搭铁、短路或接触不良、电动机严重过载或缺相运行等
		铁芯固定螺栓松动,造成铁芯硅钢片松动,发出噪声
轴承杂音	运转时有吱吱声	金属摩擦声,轴承缺油
	转动时有唧哩声	滚珠转动时发出的声音,一般为润滑脂干涸或缺油引起
	喀喀声或嘎吱声	轴承内滚珠不规则运动而产生的声音,这是轴承内滚珠损坏或电动机长期不用,润滑脂干涸所致

续上表

噪声类别	噪声特点	噪声原因
传动机构和被传动机构杂音	周期性啪啪声	皮带接头不平滑引起
	周期性咚咚声	因联轴器或皮带轮与轴间松动以及键或键槽磨损引起
	不均匀的碰撞声	因风叶碰撞风扇罩引起

(3)闻:通过闻电动机的气味判断及预防故障。若发现有特殊的油漆味,说明电动机内部温度过高;若发现有很重的煳味或焦臭味,则可能是绝缘层被破坏或绕组已烧毁。

(4)摸:摸电动机一些部位的温度也可判断故障原因。为确保安全,用手摸时应用手背去碰触电动机外壳、轴承周围部分。若发现温度异常,其原因可能有以下几种:通风不良,如风扇脱落、通风道堵塞、过载致使电流过大而使定子绕组过热、定子绕组匝间短路或三相电流不平衡、频繁起动或制动;若轴承周围温度过高,则可能是轴承损坏或缺油所致。

2.三相异步电动机故障分析

三相异步电动机应用广泛,但通过长期运行后,会发生各种故障,因此,及时判断故障原因,进行相应处理,是防止故障扩大,保证设备正常运行的一项重要工作。三相异步电动机故障分析见表4-6。

三相异步电动机故障分析 表4-6

故障现象	故障原因
通电后电动机不能转动,无异响,也无异味和冒烟	1.电源未通(至少两相未通); 2.熔丝熔断(至少两相熔断); 3.过流继电器调得过小; 4.控制设备接线错误
通电后电动机不转,然后熔丝烧断	1.缺一相电源,或定子线圈某一相接反; 2.定子绕组相间短路; 3.定子绕组搭铁; 4.定子绕组接线错误; 5.熔丝截面过小; 6.电源线短路或搭铁
通电后电动机不转有嗡嗡声	1.转子绕组有断路(一相断线)或电源一相失电; 2.绕组引出线始末端接错或绕组内部接反; 3.电源回路接点松动,接触电阻大; 4.电动机负载过大或转子卡住; 5.电源电压过低; 6.小型电动机装配太紧或轴承内油脂过硬; 7.轴承卡住

故 障 现 象	故 障 原 因
电动机起动困难,额定负载时,电动机转速低于额定转速较多	1.电源电压过低; 2.绕组接线错误,误将三角接法接成星形接法; 3.笼型转子开焊或断裂; 4.轴承损坏或卡住; 5.修复电机绕组时增加匝数过多; 6.电机过载
电动机空载电流不平衡,三相相差大	1.重绕时,定子三相绕组匝数不相等; 2.绕组首尾端接错; 3.电源电压不平衡; 4.绕组存在匝间短路、线圈接反等故障
电动机空载、过负载时,电流表指针不稳、摆动	1.笼型转子导条开焊或断条; 2.绕线型转子故障(一相断路)或电刷、集电环短路装置接触不良
电动机空载电流平衡,但数值大	1.修复时,定子绕组匝数减少过多; 2.电源电压过高; 3.Y接电动机误接为△; 4.电动机装配中,转子装反,使定子铁芯未对齐,有效长度减短; 5.气隙过大或不均匀; 6.大修拆除旧绕组时,使用热拆法不当,使铁芯烧损
电动机运行时响声不正常,有异响	1.转子与定子绝缘纸或槽楔相摩擦; 2.轴承磨损或油内有砂粒等异物; 3.定转子铁芯松动; 4.轴承缺油; 5.风道填塞或风扇摩擦风罩; 6.定转子铁芯相摩擦; 7.电源电压过高或不平衡; 8.定子绕组错接或短路
运行中电动机振动较大	1.轴承间隙过大; 2.转子不平衡; 3.转轴弯曲; 4.铁芯变形或松动; 5.风扇不平衡; 6.电动机固定螺母松动; 7.笼型转子开焊断路; 8.绕线转子断路; 9.定子绕组故障

3.永磁同步电动机故障分析

永磁同步电动机的故障主要有起动故障、定子绕组故障、转子位置检测故障、温升过高故障等。

目前国产纯电动汽车和混合动力汽车基本都采用永磁同步电动机。永磁同步电动机常见故障现象及原因见表 4-7。

永磁同步电动机故障分析   表 4-7

故 障 现 象	故 障 原 因
电动机过热	电源故障： 1.电源电压过高或过低； 2.电源电压不对称； 3.三相电源不平衡
	负载故障： 1.电动机过载运行； 2.拖动的机械负载工作不正常； 3.拖动的机械负载有故障
	通风散热故障： 1.环境温度高； 2.进风口或冷却水管路堵塞； 3.散热风扇电机损坏不转； 4.散热风扇电机控制器或电路损坏； 5.冷却水系统故障
电动机不转	1.电源未接通、熔丝断； 2.定子或转子绕组短路； 3.定子绕组搭铁、绕组相间短路、接线错误； 4.过载； 5.控制设备、轴承损坏
电动机带负载时运转缓慢	1.电源电压过低； 2.绕组故障、接反； 3.过载； 4.电刷磨损，接触不良
电动机运行时有异响	1.转子与定子相摩擦； 2.轴承磨损、缺油； 3.定转子铁芯松动； 4.风道填塞或风扇摩擦风罩
电动机外壳带电	1.电源线和搭铁线接错； 2.绕组受潮； 3.局部绕组绝缘损坏或碰外壳； 4.搭铁不良

从电动机本身故障产生的机理来分析故障：

（1）起动故障：起动故障主要指的是永磁同步电动机因为某些原因无法正常起动。引起永磁同步电动机起动故障的主要原因有电源未接通、母线电压过低、负载过大等，不能起动运转的根本原因是定子电流产生的电磁转矩小于负载转矩。转子位置的测量或计算错误也可以导致永磁同步电动机起动失败或者起动不正常。

（2）定子绕组故障：永磁同步电动机定子绕组的故障主要是指因匝间短路或由匝间短路发展导致的相间短路、搭铁短路等。如果不及时对这些故障进行处理，电动机将会因为电动机定子绕组所产生的电磁转矩不够而导致电动机减速或者电机失步。

（3）电动机位置检测故障：永磁同步电动机的电动机转子位置的精确测量对整个电动机控制系统来讲是非常重要的。如果测量不准确或者错误，将会导致电动机无法正常起动，电动机失步，电动机输出转矩无法达到额定转矩等。另外，电动机转子的位置信号是整个控制系统中重要的反馈信号，电动机位置经控制器处理计算后，用于矢量控制和诊断，对永磁同步电动机的速度控制尤为重要。

（4）转子失步故障：电源或线路故障引发电机突然断电，负载转矩大于电动机所能带动的最大负载，对控制系统和负载危害极大，可能造成电动机振动、电机轴承损坏、负载受损，失去原有性能和功能。

（5）电动机过热故障：电动机带载运行时，负载越大，电动机输出功率越大，温升越高。现代永磁同步电动机一般采用水冷方式，用循环水将电动机定子散发的热量带出，进而达到给电动机降温的目的。当冷却系统出故障时，将会直接导致电动机的热量散发不出去，继而引发电动机的温度升高。电动机的温度过高，不仅会使电动机的寿命缩短，定子绕组绝缘程度下降，甚至可能造成火灾等危险。

对于水冷却方式，当检查到流出冷却系统的水温大于流入的水温时，说明水冷却系统出现故障，这可能导致电动机损坏。对于风冷却式，冷却风扇不转，电机温度立即升高。

4. 电动机控制系统

混合动力汽车用电动机控制器的作用是驱动电机运转工作，将动力电池的直流电转为交流电，输出给电动机，驱动汽车行驶或起动发动机工作；能量回收控制作用，控制电动机作为发电机输出时输出功率，并为动力蓄电池进行充电或进行能量回收；根据汽车行驶速度由控制器控制驱动电机实现动力输出；ABS能量回收，在汽车下坡或制动时，由控制器控制电动机进行能量回收，为蓄电池进行充电；能根据汽车行驶速度由控制器控制电机进行辅助制动；功能控制，对汽车的速度、温度、加速性能、制动、软起动进行一系列的数字化处理，实现过压、过流、超载、超温、超速的自我保护；信号和通信控制，进行功率控制及加速时，实施调频调幅大动态范围控制。

电动机控制器不能正常工作的故障原因有内部原因和外部原因。控制器内部故障有功率管器件损坏、内部供电电源损坏、控制器控制程序不完善等。外部故障有传感器损坏或线路故障造成控制器收不到传感器信号、控制器电源或搭铁有故障、与其他控制单元通信断路等。

如果驱动电机不工作或工作不良，可能是电动机故障，也可能是电动机控制器故障，没有输出正确的控制信号。电动机控制器损坏一般都会产生故障码，可用诊断仪读取故障码，根据故障码进行检测排除故障。如果有故障但没有故障码，可根据原厂维修资料或技术通报或获取原厂技术服务部帮助,在确保高压安全的前提下进行检测维修。

四、典型并联插电式混合动力汽车故障诊断方法

(一)比亚迪·秦混合动力汽车结构特点

比亚迪·秦是并联插电式混合动力汽车,由发动机、电动机、动力电池组、功率转换器、耦合器、离合器、高压线束、充电器和充电口等组成。

1.内燃发动机

混合动力汽车的主动力由电控汽油发动机提供。电控汽油发动机的结构与普通的电控发动机完全相同。

比亚迪·秦混合动力汽车采用 1.5L Ti 缸内直喷 + 涡轮增压的 BYD476ZQA-2 发动机,最大功率 154 马力(113kW)/5200r · min^{-1},最大转矩 240N · m/1750 ~ 3500r · min^{-1}。如图4-13所示,BYD476ZQA-2 发动机采用废气涡轮增压、缸内直接喷射、液压挺柱、全铝机体、进气 VVT 等先进技术。

2.发动机电控系统

混合动力汽车的发动机电控系统 TB10 与电控汽油发动机控制系统在组成与基本工作原理方面是相同的,发动机电控系统由输入部件、输出部件和电控单元 ECU 组成,如图 4-14 所示。

图 4-13 比亚迪·秦 1.5L Ti 缸内直喷 + 涡轮增压发动机

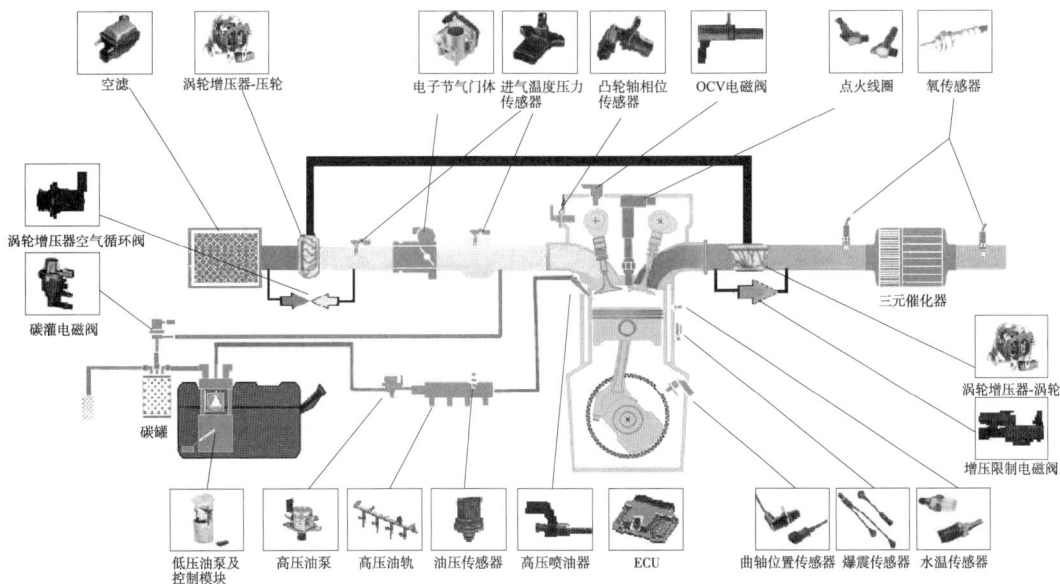

图 4-14 比亚迪·秦 TB10 电控系统组成

TB10 发动机管理系统是一个电子控制的汽油缸内直喷系统,系统采用开环和闭环(反馈)控制相结合的方式,对发动机的运行提供各种控制信号。进气压力传感器和发动机转速信号决定基本喷油量,再根据其他传感器信号修正喷油量。曲轴位置传感器、凸轮轴位置传感器决定喷油正时。发动机气动后,首先根据凸轮轴位置传感器信号和发动机转速信号确定初始点火提前角,然后根据发动机转速和负荷信号确定基本点火提前角,最后根据其他相关传感器修正点火提前角,以此获得最佳点火提前角。

3. 变速器

1)变速器简介

比亚迪·秦采用手自一体六挡混合动力自动变速器,变速器型号为 BYD6HDT35,如图 4-15 所示,动力系统如图 4-16 所示。6DT35 变速器采用的是湿式双离合器,利用变速器油进行冷却和润滑。

干式离合器

图 4-15 比亚迪手自一体六挡混合动力自动变速器

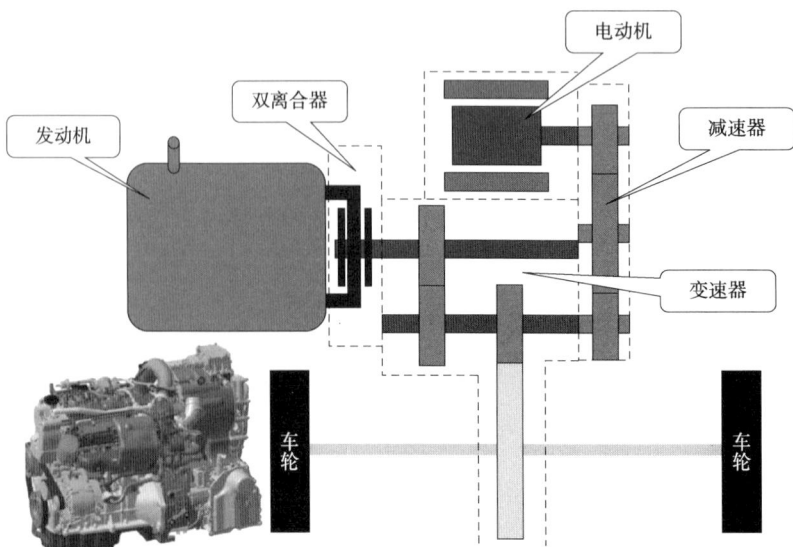

电动机

双离合器

发动机

减速器

变速器

车轮

车轮

图 4-16 比亚迪·秦动力系统

基本特点：

(1)拥有两组自动控制的离合器,分别相连两根输入轴;

(2)离合1控制1、3、5、R挡,离合2控制2、4、6挡;

(3)采用预挂挡形式,两组离合器交替工作,换挡时间短且动力无间断输出;相当于两台独立 MT 通过电液控制模块协调控制实现自动变速功能。

2)工作模式简介

(1)驱动模式选择。比亚迪·秦自动变速器可以实现电驱动(EV)模式和混合动力(HEV)模式。

(2)EV 纯电动工作模式。动力电池提供电能,电机通过减速器驱动车辆,满足各工况下的运行,起步、稳速、加速、倒车等。

(3)"HEV"稳速发电工作模式。当电量不足时,系统从"EV"模式自动转换到"HEV"模式,使用发动机驱动,在车辆以较稳定的速度行驶时,发动机输出的一部分转矩会驱动电机进行发电,对动力电池进行充电。

(4)"HEV"混合动力工作模式。当用户从"EV"模式自动转换到"HEV"模式后,车辆由发动机和电机共同驱动。

(5)"HEV"燃油驱动工作模式。当电量不足或高压系统有故障时,可单独使用发动机驱动。

(6)能量回馈工作模式。在车辆减速时,电动机将车辆需要降低的动能转换为电能储存在动力电池内。

4.冷却系统

混合动力汽车除了用传统机械冷却水泵对发动机进行冷却之外,还增加了对电机进行冷却的水泵和对电池进行冷却的水泵(具有水冷循环系统)。

比亚迪·秦冷却系统由发动机冷却系统和电动机冷却系统组成。发动机冷却系统与传统涡轮增压车型冷却系统一样,系统水温一般在 90~100℃,允许最高温度为 110℃。

电机冷却系统采用了单独装有电动水泵的独立冷却系统,用于电动机与电动机控制器的冷却。电动水泵驱动冷却液独立循环的冷却系统由散热器、电子风扇、水管、冷凝罐、电机水套、电动机控制器、水泵组成。系统水温一般在 50~60℃,允许最高温度为 75℃。

5.电动机

电动机是混合动力汽车的动力源之一,向外输出转矩,驱动汽车前进后退。同时,也可以作为发电机发电。

比亚迪·秦使用交流无刷永磁同步电动机,电动机工作参数:额定功率110kW、最大转速10000r/min、最大转矩 200N·m。

6.比亚迪·秦混合动力汽车电驱动系统架构图

比亚迪·秦混合动力汽车电驱动系统架构如图 4-17 所示。

(二)插电式混合动力汽车故障诊断方法

插电式混合动力汽车的驱动工作模式有三种:电动机驱动模式、发动机驱动模式、发动机和电动机共同驱动模式。比亚迪混合动力汽车和荣威混合动力汽车都是并联插电式混合动力汽车,虽然结构与控制上有差异,但控制模式基本相同,见表4-8。

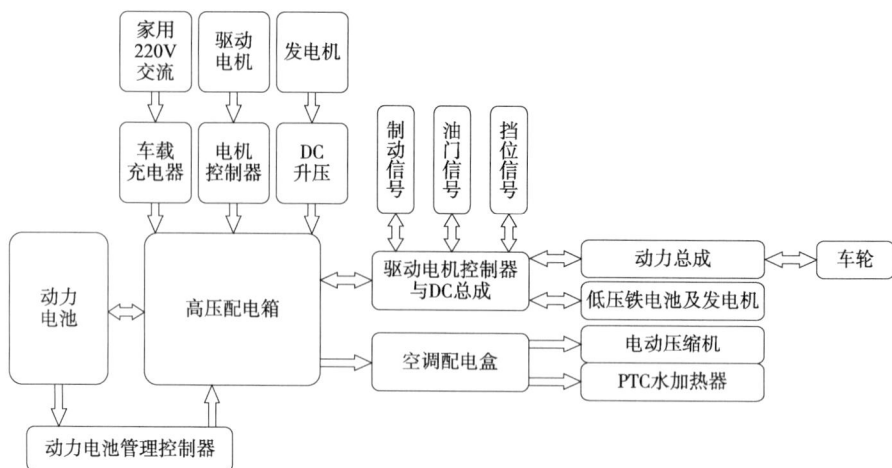

图 4-17 比亚迪·秦混合动力汽车整车电驱动系统架构

并联插电式混合动力汽车的工作模式   表 4-8

工 作 模 式	发 动 机	动力电池组	电动机—发电机	整 车 状 态
纯电机驱动	关机	放电	电动	驱动
再生制动充电	关机	充电	发电	制动
混合动力驱动	机械动力输出	放电	电动	驱动
强制补充充电	机械动力输出	充电	发电	驱动
纯发动机驱动	机械动力输出	既不充电,也不放电	不工作	驱动
停车补充充电	机械动力输出	充电	发电	停车

混合动力汽车故障诊断的流程如下:

(1)了解故障在什么工作模式下发生(表 4-8);

(2)确认故障的存在和真实性;

(3)接通点火开关,查看仪表和警示灯显示情况是否正常;

(4)查看动力舱有无异常情况;

(5)读取和记录故障码,分析是当前故障码还是历史故障码,区别开与故障无关的故障码;

(6)读取检查数据流,是否有红色不正常数据,结合故障码进行综合分析;

(7)用诊断仪检查有无需要重新标定和更新的程序,有些故障可通过软件升级加以解决;

(8)查阅原厂技术通报,了解是否有类似故障,进行参考;

(9)查阅原厂维修资料进行检测维修,必要时获得主机厂售后技术服务部门的支持。

五、典型混联式混合动力汽车结构与故障解析

丰田混合动力汽车是典型的混联式混合动力汽车,简称 THS(Toyota Hybrid System),如图 4-18 所示。

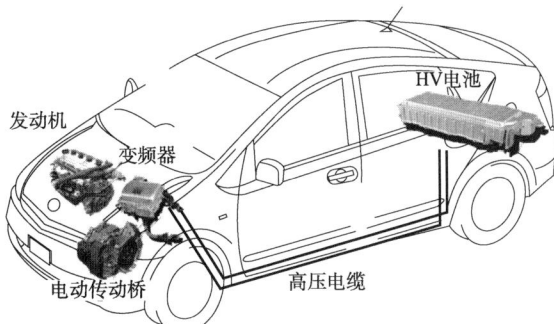

图 4-18　丰田普锐斯混合动力汽车

(一)丰田混联式混合动力汽车特点与结构

1.丰田混联式混合动力汽车结构特点

丰田普锐斯和凯美瑞混合动力车辆都是混联式混合动力系统,具有串联式和并联式系统的双重功能。丰田混合动力汽车发动机和驱动桥如图 4-19 所示。丰田普锐斯采用 1NZ-FXE 阿特金森式发动机,直立 4 缸,16 气门,双顶置凸轮轴。混合动力系统具有两个马达发电机(MG1 和 MG2)。MG1 利用发动机动力发电,产生的电能用于为 HV 蓄电池充电,和(或)为 MG2 提供动力。车辆可由汽油机或电动机分别驱动,也可由汽油机和电动机混合输出驱动。由于发动机可带动 MG1 发电为 HV 蓄电池充电,所以无需对车辆进行充电。

图 4-19　发动机和驱动桥

2.丰田混合动力汽车各组件功能

丰田混合动力汽车各组件功能见表 4-9。

丰田混合动力汽车各组件功能　　　　　　　　　　表 4-9

组　　件		功　　能
传动桥	动力分配行星机构	切换耦合和分配来自不同动力源的动力(速度、旋转方向和转矩)。例如:将发动机的动力分为两个路径,其中一路分给车轮以驱动车轮,另一路分配给 MG1 以发电
	MG2	主要用于补充发动机动力,以提高驾驶性能;减速时,通过再生制动发电
	MG1	主要通过使用发动机输出的动力发电;用作起动机以起动发动机

续上表

组 件		功 能
HV 蓄电池	HV 蓄电池	存储 MG1 和 MG2 发的电;驱动 MG1/MG2 时,为 PCU 提供电能
	系统主继电器(SMR)	根据来自 HV ECU 的信号连接或切断高压电源电路
	维修塞	拆下维修塞把手即切断 HV 蓄电池的高压电源电路
动力控制单元 PCU	各逆变器	将来自增压转换器的直流电转换为三相交流电,以驱动 MG1 和 MG2
	增压转换器	将 HV 蓄电池的电压从 244.8V 增大至 650V(最大);降低 MG1 和 MG2 发电的电压,为 HV 蓄电池充电
	DC-DC 转换器	将 244.8V 直流电降为 14V 直流电,为辅助蓄电池充电,并为辅助系统提供动力(相当常规车辆的交流发电机)
控制 ECU	HV ECU	监控和控制 HV 蓄电池的工作
	蓄电池 ECU	检测 HV 蓄电池的温度、电压和电流,然后传输给 HV ECU
	ECM/发动机 ECU	控制发动机,以响应来自 HV ECU 所需发动机输出功率
	防滑控制 ECU	制动时要求 HV ECU 进行再生制动;对制动系统进行控制,实现 ABS、TRC、VSC 等功能

3. 混合动力系统组成部件
(1)混合动力传动桥(图 4-20、图 4-21)。

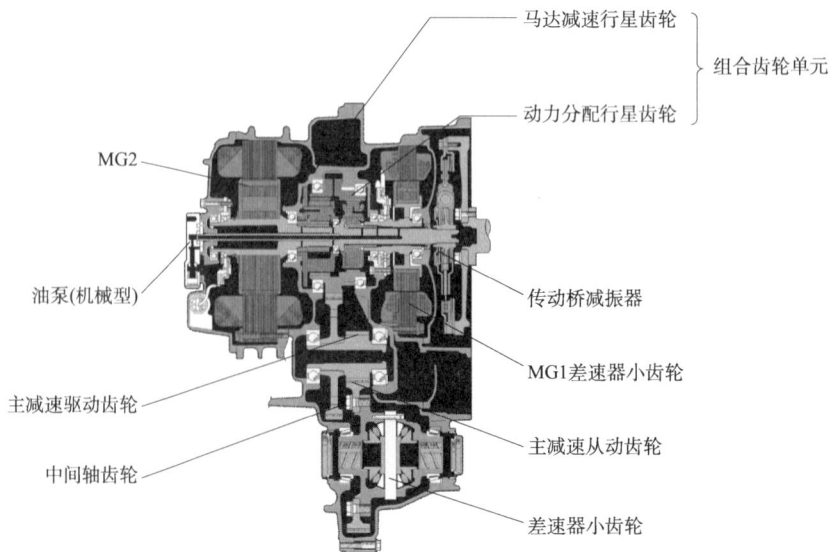

图 4-20 混合动力传动桥

图 4-21 电机与行星齿轮机构

（2）带转换器的变频器（图 4-22、图 4-23）。

（3）高压线束（图 4-24）。

（4）HV 动力电池（图 4-25）。

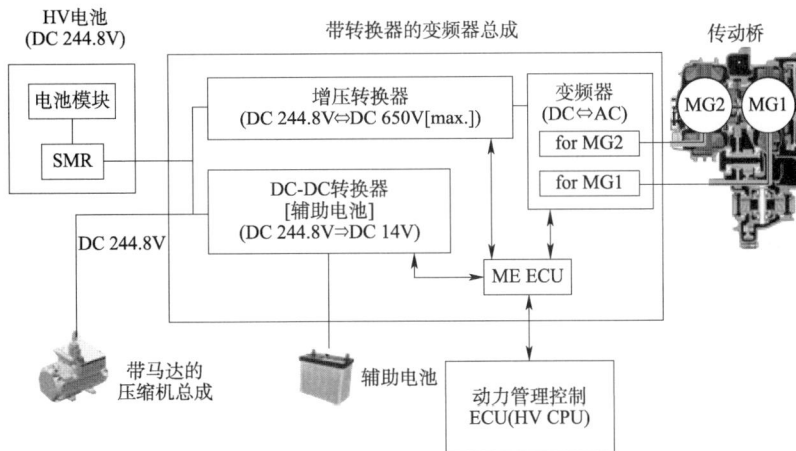

图 4-22 变频器总成

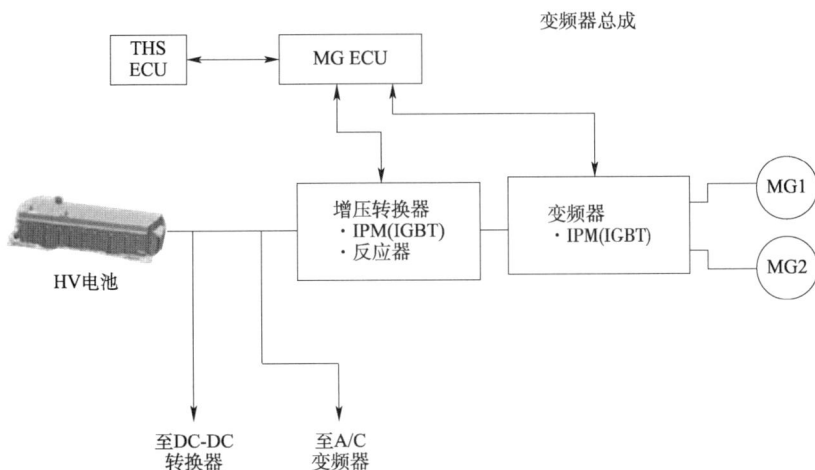

图 4-23 带转换器的变频器总成

注：图中的 DC 表示直流，AC 表示交流，余同。

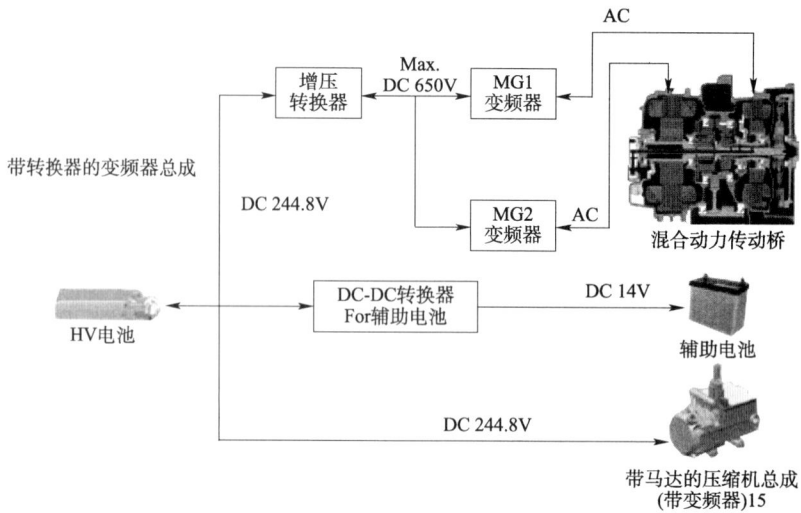

图 4-24　高压线束

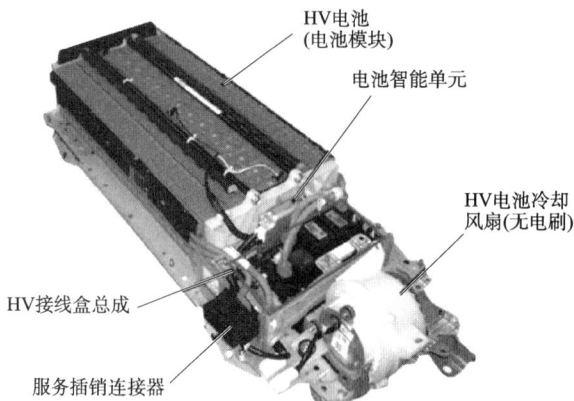

图 4-25　HV 蓄电池

(二) 蓄电池 ECU 对 HV 蓄电池的控制

蓄电池 ECU 对 HV 蓄电池的控制有 3 个控制内容：SOC 控制、蓄电池冷却风扇控制、绝缘异常控制，如图 4-26 所示。

1. SOC 控制(图 4-27)

HV 蓄电池在加速过程中放电，在减速过程中由再生制动充电。

蓄电池 ECU 根据 HV 蓄电池的电流、电压和温度计算 SOC。蓄电池 ECU 始终根据充电和放电级进行充放电控制，以使 SOC 保持接近目标水平。SOC 的控制目标值约为 60%，最大值约为 80%(通常上限约为 75%)，最小值约为 20%(通常下限约为 30%)。

蓄电池 ECU 可根据蓄电池单元(1 个单元包括 2 个模块)计算 SOC，并在不同蓄电池单元的 SOC 之间有差别时设定 DTC。各单元的电压和 ΔSOC 也可通过诊断仪的 ECU 数据表查看。

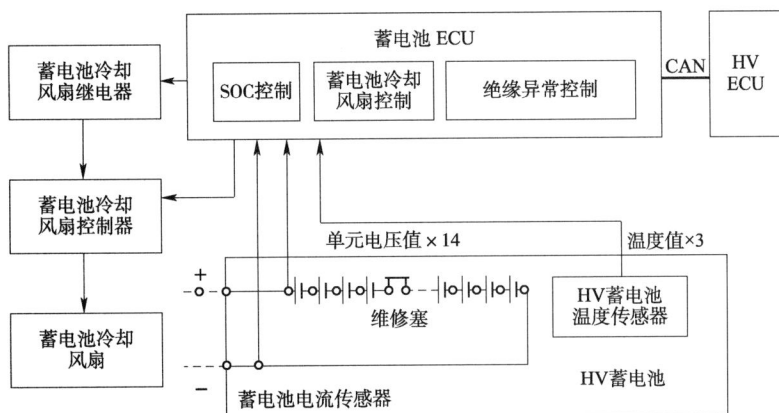

图 4-26　蓄电池 ECU 对 HV 蓄电池的控制

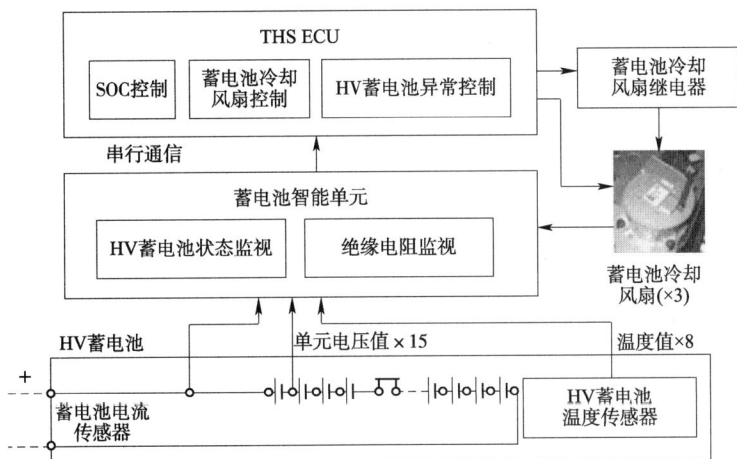

图 4-27　HV 蓄电池的 SOC 控制

2. HV 蓄电池冷却风扇控制

蓄电池 ECU 通过检查 HV 蓄电池温度并在温度升高时适当控制冷却风扇,将 HV 蓄电池温度控制在适当水平。

3. 绝缘异常控制

为了安全,混合动力汽车的高压电路与车身搭铁绝缘。内置于 HV 蓄电池 ECU 的"漏电检测电路"持续监视高压电路与车身搭铁绝缘性能,如图 4-28 所示。如果绝缘电阻降至低于规定阈值,则存储一个 DTC(高压绝缘异常),且点亮组合仪表板上的警示灯。

漏电检测电路有交流电源,允许少量交流电流至高压电路,交流电路经检测电阻器、电容器,至车身搭铁。车辆绝缘电阻越小,检测电阻器的电压就越低,交流波也越低。根据交流波的波幅可以检测绝缘电阻值,转换为 ECU 数据"Short Wave Highest Val",该值在 0～5V 之间,可通过诊断仪检测。

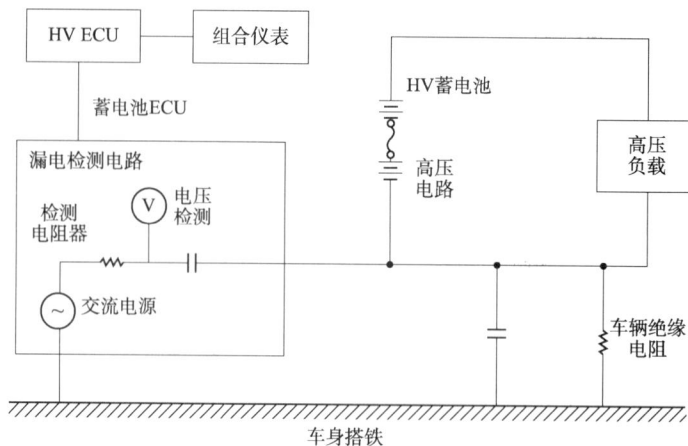

图 4-28　高压绝缘检测基本电路

(三) 丰田混合动力系统的 DTC

丰田混合动力汽车的原厂诊断仪 IT-II (图 4-29) 具有读取故障码 DTC 和数据流等功能。

图 4-29　丰田混合动力汽车诊断仪 IT-II

1. 混合动力系统 DTC 组成

丰田混合动力系统 DTC 由三部分组成, 如图 4-30 所示。

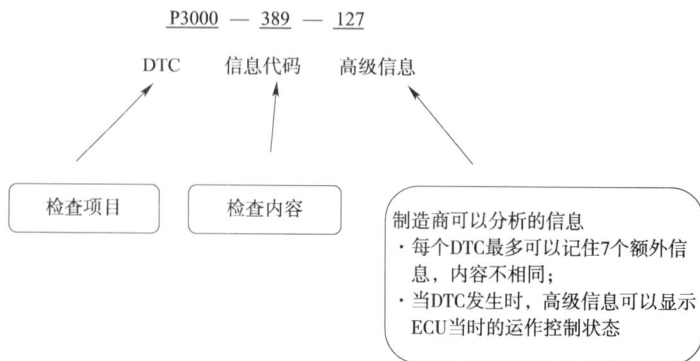

图 4-30　丰田混合动力系统 DTC 的组成

2. 混合动力系统 DTC 与发动机系统 DTC 的差异

丰田混合动力汽车的混合动力系统 DTC 与其他系统(如发动机系统)使用的 5 位数代码不同,由系统代号(1 个字母)起头后跟 4 个数字,再加上 3 个数字组成的信息码构成,见表 4-10。没有详细信息(INF 代码)就无法进行故障排除。混合动力蓄电池电压系统绝缘故障举例见表 4-11 和图 4-31。

混合动力系统 DTC 与发动机系统 DTC 的差异　　　　　　　　　表 4-10

项　　目	DTC 的组成	描　　述
发动机系统 DTC	P···	使用 5 位数代码对故障部位进行分类
混合动力系统 DTC	P···－▲▲▲ (代码组)－(INF 代码)	使用 5 位数代码和 INF 代码,对故障部位进行分类

混合动力系统 DTC 与 INF 举例　　　　　　　　　表 4-11

DTC (代码组)	详细信息(故障部位)	
	INF 代码	信息
P0AA6 (混合动力蓄电池电压系统绝缘故障)	526	所有部位(整个高压电路绝缘异常)
	611	空调压缩机和空调逆变器
	612	HV 蓄电池、蓄电池智能单元、HV 继电器总成
	613	混合动力车辆传动桥、逆变器
	614	直流高压部位
	615	后传动桥、逆变器

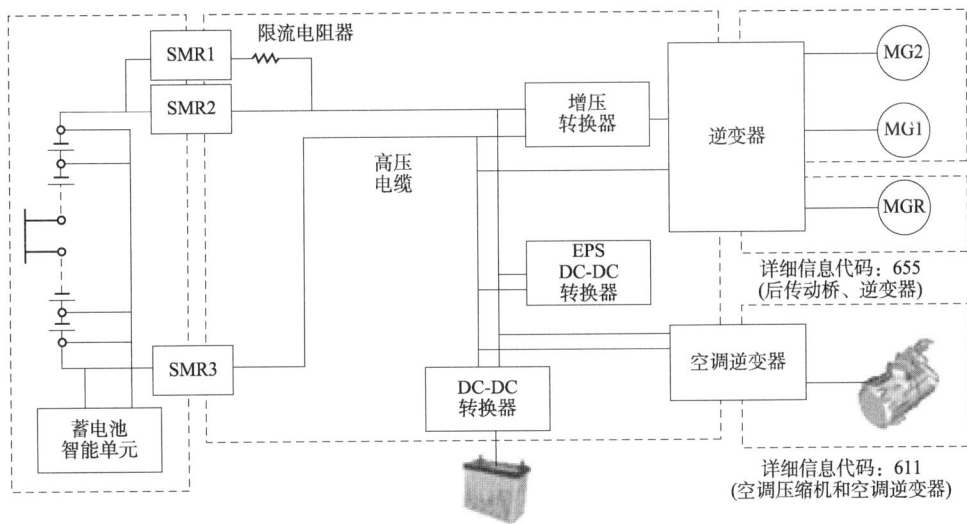

图 4-31　绝缘异常故障部位

(四)丰田混合动力系统故障诊断

1. 丰田混合动力系统故障诊断的基本流程

丰田混合动力系统故障诊断的基本流程如图 4-32 所示。

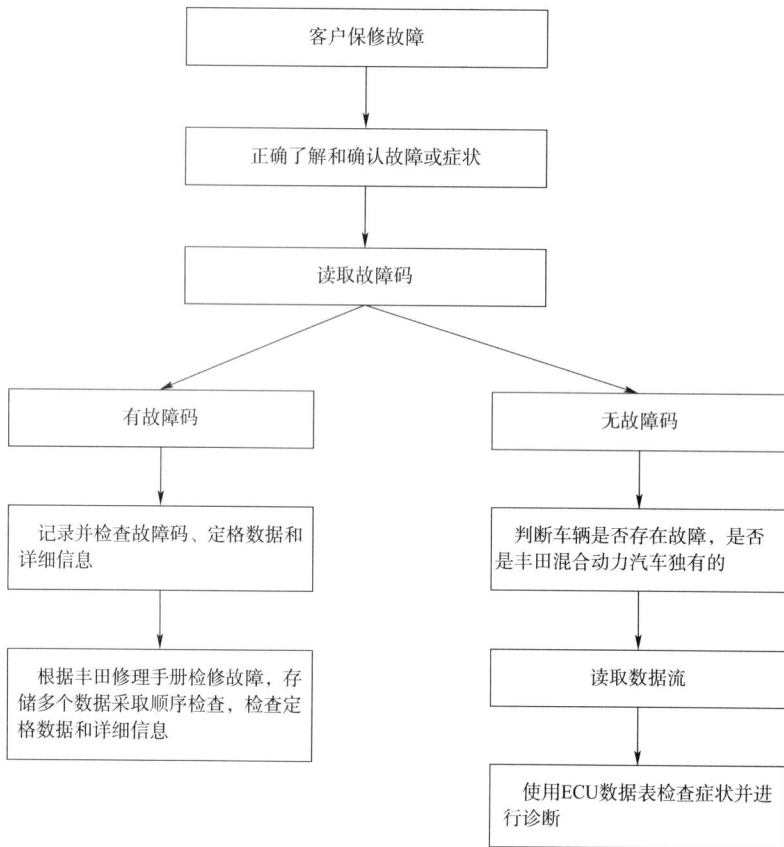

图 4-32　丰田混合动力系统故障诊断基本流程

在向客户询问其抱怨或顾虑时应尽可能详细询问并认真听取客户对其问题的陈述,以便获得故障出现前、后状况的更多信息,见表 4-12。

询问客户的各种问题

表 4-12

出现前的状况	是否有任何异常症状或操作: ·冷机或暖机; ·自 READY-ON 状态起的行驶距离、行驶时间及路况; ·客户如何驾驶车辆
出现时的状况	时间、地点、状况的详细信息: ·故障、出现频率、路况、驾驶条件,如何感觉或观察到该症状; ·车辆处于/未处于 READY-ON 状态时,可以/无法进行什么操作?
出现后的状况	车辆状况及故障出现后客户进行的操作(任一警告显示、能够/不能够等): ·故障是否持续? ·车辆何时及在何种情况下恢复正常

2. 多个 DTC 的诊断方法

控制系统发出的某个控制信号通过两个或多个 ECU 的共同协作计算出来,当其他相关 ECU(系统)发生故障,系统将可能进入失效保护模式,如图 4-33 所示。所以如果出现一个故障码,可以根据 DTC 和 INF(信息)进行针对性检测。如果出现多个故障码,应全面分析它们之间的关联性。

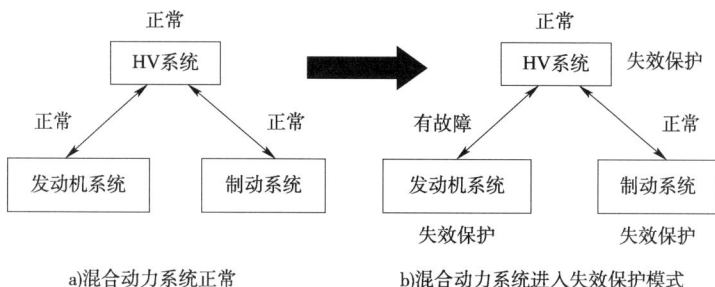

图 4-33　因发动机系统的故障导致 HV 需要进入失效保护模式

（1）确认客户抱怨的问题，并正确检查汽车的状态，以辨认故障的真实性。

（2）检查和记录所有系统的 DTC，如图 4-34 所示。

（3）如果 HV 系统有 DTC 存在，确认信息码和优先顺序。

（4）检查和记录 FFD（每个系统）工作历史数据。

（5）剥离与当前故障不关联的 DTC（例如 A/C、AFS 等）。当出现多个故障码，查看时应将与当前故障无关的故障分离开，如图 4-35 所示。

（6）推测故障。清除 DTC 后再次读取故障码，查看故障是否依然存在，如果故障依然存在，说明目前存在该故障。如果有多个故障码，则按照故障码出现顺序进行检查，如图 4-36 所示。

图 4-34　显示全部故障码

图 4-35　剥离与故障不关联的 DTC

3. 有 DTC 不代表一定有不正常的输出

DTC 的设置还取决于一定的驾驶/运行情况，即使系统功能正常，若因操作条件不满足也会存储 DTC，但不一定存在真实故障，见表 4-13。

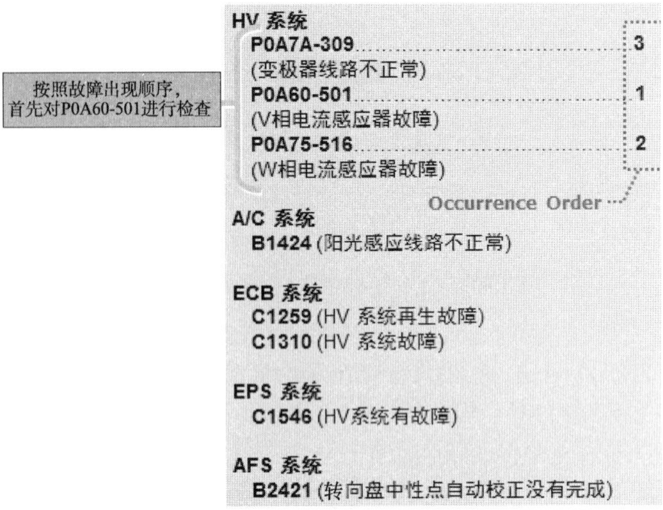

图 4-36　按照故障码出现顺序进行检查

DTC 设置的条件和原因　　　　　　　　　　　　　　　　　表 4-13

DTC-INF Code	条　　件	输　出　原　因
【P3000-388】放电抑制控制故障	换挡杆停留在 N 挡位	·挡位在 N 的时候不能发电； ·挡位持续保持在 N,HV 电池持续放电； ·当 SOC 达到指定的水平,DTC 会被储存
	没有汽油	·没有汽油,发动机不能工作； ·不能发电,HV 电池持续放电； ·当 SOC 达到指定的水平,DTC 会被储存
【P3000-389】放电抑制控制故障	车辆没有长期使用	·如果车辆没有被长期使用,HV 电池容量持续下降,DTC 会被储存
【P3190】发动机动力不足	汽油过少	·汽油发动机动力输出达不到规定值,DTC 会被储存
【P0A0D-350】锁止操作	在排除故障后	如果服务插销被拔出后,将点火开关转至 ON,DTC 会被储存

4. 使用定格数据和详细信息

使用定格数据和详细信息的方法见图 4-37 和表 4-14。

检查定格数据和详细信息的解释　　　　　　　　　　　　表 4-14

待查项目和检查顺序	待　查　数　据	待查详细信息
(1)检查 DTC 和详细信息的出现顺序	Occurrence Order（出现的顺序）	检查故障码的存储顺序

续上表

待查项目和检查顺序	待查数据	待查详细信息
(2)估算存储 DTC 的时间	DTC Clean Warm Up(DTC 清除后暖机); DTC Clean Run Distance(DTC 清除后,车辆运转的里程); DTC Clean Min; Engine Run Time(DTC 清除后,最短的发动机运转时间)	检查存储 DTC 的时间是否与诊断问卷的结果一致
(3)检查驾驶员操作历史数据	Shift Sensor Shift Pos(挡位传感器的挡位位置); Accel Sensor Main(主加速踏板传感器); Stop Switch(制动开关)	确定驾驶员可能进行的驾驶操作
(4)检查车辆是否处于 READY ON 状态	Auxiliary Battery Voltage(辅助蓄电池电压)	确定车辆是否处于 Ready On 状态; 结果:蓄电池电压大约为 12.5V 或更低时,未处于 Ready On 状态
(5)检查车辆工作状态	Motor(MG2) Revolution(电机 MG2 转速); Motor(MG2) Torq(电机 MG2 转矩); Generator(MG1) Rev(发电机 MG1 转速); Generator(MG1) Torq(发电机 MG1 转矩)	使用列线图了解车辆工作状态

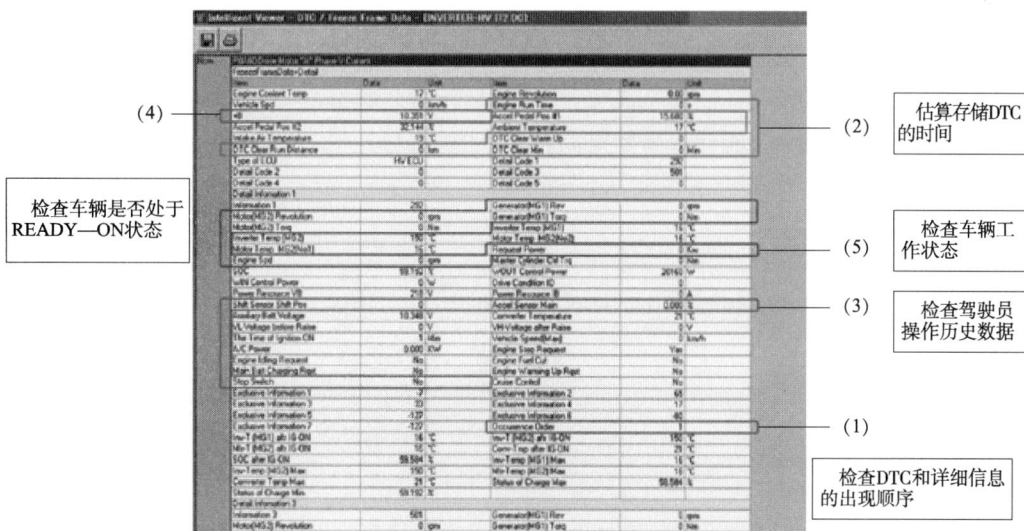

图 4-37　检查定格数据和详细信息

(五)日系混合动力汽车故障诊断安全注意事项

1. 确认车辆是否处于怠速停机模式

在维修日系的混合动力轿车之前,必须知道一些必须加以防范的安全防护措施。本田Insight、Civic和丰田Pruis这三款混合动力轿车都有一个"怠速停机"模式,可以在轿车临时停车时,如在遇到红色交通信号灯时,关闭轿车的汽油发动机。在这种模式下,当踩下加速踏板时,最初车辆会在电动机的驱动下行驶。经过很短的行驶时间之后,车辆便进入正常的行驶状态,汽油发动机会重新起动,并向轿车提供动力。因此当一辆混合动力轿车被送到维修厂进行维修时,如果发动机已熄火,但点火钥匙又被置于"ON"的位置,那么维修时可能会出现问题。此时维修技术人员可能会认为,既然发动机已经关闭,因此可以安全进行维修工作。但这时如果踩下加速踏板,可能会使电动机重新起动,从而产生严重的后果。在本田公司的混合动力轿车上,在发动机转速表左下方有一个汽车驻车指示灯,如果这个灯在闪烁,则表明该辆轿车处于"怠速停机"模式,同时也在警告维修人员,在维修该车辆之前,一定要把点火开关关掉。而丰田Pruis混合动力轿车处于怠速停机模式时,在显示板上的挡位指示器上方有一个就绪指示灯。在对轿车进行维修工作之前,要确保就绪指示灯是熄灭的。因此,也应该把点火开关关掉。所以维修人员在动手作业之前,一定要确认车辆当前的状态。当然最为安全稳妥的做法,就是把车钥匙从点火开关上拔下来。

2. 高压安全维修开关

在维修混合动力轿车时,最重要的安全问题是它的高压电气系统,其中包括电动机、蓄电池组、控制系统和电线束。为保证安全,所有的高压电线接线端都是密封的或隔离的,而且电线束都是橙红色。

如果没有戴上绝缘性能良好的高压防护手套,不要轻易触摸这些电线束。即使这些绝缘手套上只有一个极小的针孔,都可能会导致电流从手套穿过,经人体流向大地,危及维修技术人员的生命安全。

尽管可以用探针穿过电线绝缘层来检查普通汽车上的12V电气系统的一些性能,但对于混合动力车辆上这些橙红色高压线束,切不可这样做。跟上面介绍的情况一样,这些高压线束上一个极小的孔都可能导致高压电流外漏。不过,与其他新能源汽车相同,每个混合动力轿车的高压电气系统都设有易于关闭的安全维修开关,以确保有一个安全的维修工作条件。

本田车的高压安全维修开关通常装在动力控制单元上,本田Isight的动力单元位于后座地板附近,是水平安装的,隐藏于地毯之下。本田Civic的智能动力单元是垂直安装的,位于后排乘客座位的后面。对于本田公司的这两款混合动力轿车,要想拆除轿车上的高压电气系统,需要打开动力单元上面的一个小盖子,并且把里面的开关打到OFF位置。

要想拆除丰田Pruis的高压电气系统,只需要取下位于驾驶员一侧的行李舱后面的维修塞即可,如图4-38所示。维修塞的饰板在后排座位附近的地毯下面。当维修高压电气系统时,建议取下维修塞后放在口袋里随身携带,以防其他维修人员在维修时又把它安上去,造成重大安全事故。

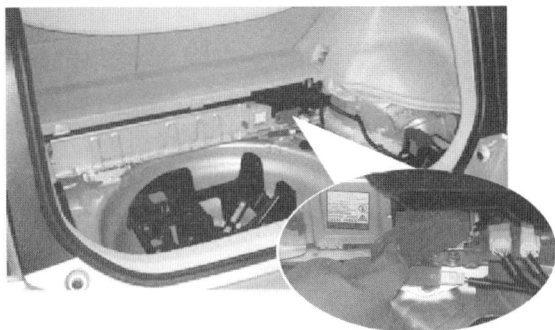

图 4-38　丰田 Pruis 维修塞

六、混合动力汽车典型故障诊断与分析

(一)比亚迪·唐的典型故障诊断与分析

1.漏电故障检修

1)故障现象

车辆起步后,仪表板显示检查动力系统,系统自动切换为 HEV 模式,如图 4-39 所示。使用诊断仪检测故障,显示 P1CA2(漏电传感器报严重漏电故障)、P1CA2(一般漏电故障),如图 4-40 所示。

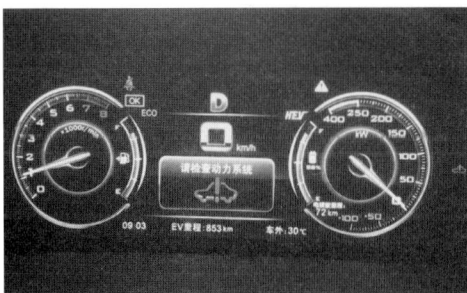

图 4-39　仪表板显示故障提示"请检查动力系统"

图 4-40　VDS1000 诊断仪故障检测

2)故障原因分析

查阅维修资料,高压系统漏电故障主要发生在以下几方面:

(1)高压模块、电机存在漏电;

(2)动力电池包存在漏电;

(3)高压线束存在漏电;

(4)漏电传感器故障;

(5)BMS 故障;

(6)低压信号线故障。

3)故障排查

比亚迪·唐动力电池有高电量版(712.8V)和低电量版(620.4V)两种。动力电池正/负极母线位于点烟器下方,动力电池正/负极母线座含一根搭铁线,如图 4-41 所示。

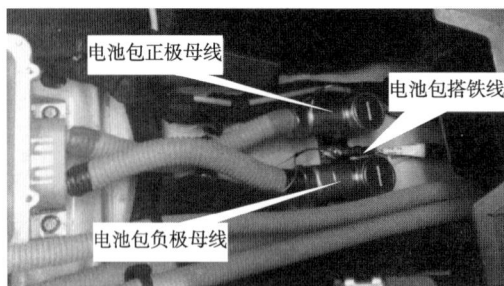

图 4-41　比亚迪·唐动力电池母线

　　动力电池采样线位于驾驶员座椅下面,如图 4-42 所示。动力电池采样端子定义见表 4-15。

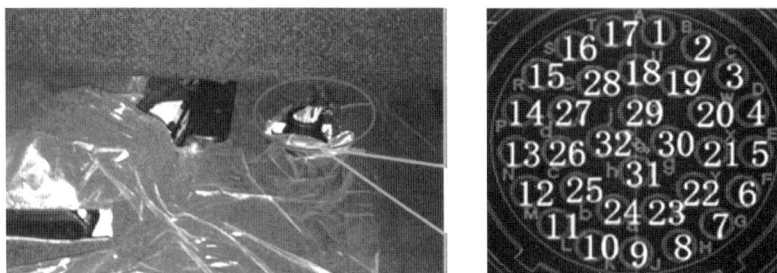

a)　　　　　　　　　　　　　　　　　　b)

图 4-42　比亚迪·唐动力电池采样线

比亚迪·唐动力电池采样端子定义　　　　　　　　　　　　表 4-15

脚位	定　义	脚位	定　义
A(1)	BIG 电源正	T(17)	高压检测互锁正
B(2)	BIG 电源正	U(18)	高压检测互锁负
C(3)	电池模组接触器 1 电源正	V(19)	
D(4)	电池模组接触器 2 电源正	W(20)	严重漏电
E(5)		X(21)	一般漏电
F(6)	负极接触器电源脚	Y(22)	
G(7)	+12V(漏电传感器)	Z(23)	
H(8)		a(24)	CAN2-L(漏电传感器)
J(9)		b(25)	漏电传感器 CAN2 屏蔽地
K(10)	BIG 电源负	c(26)	
L(11)	BIG 电源负	d(27)	GND
M(12)	负极接触器控制脚	e(28)	CAN1 屏蔽地
N(13)	电池模组接触器 1 控制脚	f(29)	CAN1-L
P(14)	电池模组接触器 2 控制脚	g(30)	—
R(15)	—	h(31)	CAN2-H(漏电传感器)
S(16)	—	j(32)	CAN1-H

因为比亚迪·唐的动力电池包内部含有分压接触器和负极接触器,在不上电(EV模式)时内部接触器无法吸合,所以暂无法使用比亚迪F3DM、E6的漏电公式去测量与判断,只能通过先测量各控制器、电动机总成的绝缘阻值,确认其是否漏电。逐一排查最终确认是否为电池包漏电故障,具体测量方法如下:

(1)清除故障码,若上电后系统仍报漏电故障,按如下步骤检测:

①车辆下电后,断开低压电池负极,断开电池包的正负极母线插接件;

②测量电池包正极母线线束端对车身绝缘阻值,用万用表1000V直流挡位(兆欧表)测量。如测量值小于1MΩ,则高压配电箱漏电,更换高压配电箱;

③断开空调压缩机高压线束插接件,测量线束端正负极高压端子与车身绝缘阻值,如使用1000V直流挡位(兆欧表)测量,如测量值小于1MΩ,则分别检测前驱控制器、后驱控制器、车载充电器、PTC、高压配电箱,确认并排除漏电部件;

④测量空调压缩机端线束正负极高压端子与车身绝缘阻值,如使用1000V直流挡位(兆欧表)测量,测量值<1MΩ,则空调压缩机漏电。

(2)清除故障码后,若上电后系统无漏电故障,但挂D/R挡后如报漏电故障,按如下步骤检测:

①车辆下电后,断开低压磷酸铁锂电池负极,断开电池包正负极母线插接件;

②断开前驱电动机三相线,分别测量电动机三相线、前驱控制器三相输出端子对车身的绝缘电阻,如1000VDC挡位(兆欧表)测量值小于1MΩ,则被测元件漏电;

③断开后驱电动机三相线,分别测量电动机三相线、后驱控制器三相输出端子对车身的绝缘电阻,如1000VDC档位(兆欧表)测量值小于1MΩ,则被测元件漏电。

(3)清除故障码,若上电后系统无漏电故障,但开空调报漏电故障,按如下步骤检测:

①将温度调到制冷最低,开空调报漏电,则为压缩机漏电;

②将温度调到暖风最高,开空调报漏电,则为PTC漏电;

③清除故障码,若上电后系统无漏电故障,但充电系统报漏电故障,此情况为车载充电器漏电。

通过对电池包以外高压部件的绝缘阻值排查,若无漏电元器件,则可能动力电池包漏电,更换动力电池包后复检漏电故障是否被排除。

2.动力电池包SOC跳变、里程短故障

1)故障现象

行驶中有时SOC会自动跳到99%,另外车辆在用车载交流充电装置充电几分钟后SOC就会变为100%;组合仪表无故障提示。

2)故障原因分析

SOC(荷电状态)表示电池当前所拥有的电量,它用当前所拥有的容量占电池常温下总容量的百分比来表示。SOC是动力电池管理系统的估算值。影响SOC估算值的因素很多,主要有:放电电流、温度、一致性、自放电、容量衰减及动力电池管理软件等。

故障原因如下:

(1)单节电压异常;

(2)电池电压采集器故障;

（3）BMS 故障。

3）故障排查

①用诊断仪 VDS 1000 读取车辆静态（KOEO）时的电池包信息,检查是否出现异常,图 4-43 是正常情况下的数据。

图 4-43　诊断仪 VDS 1000 读取电池包信息（修复后）

②进行试车检查,观察电量变化,并使用诊断仪读取实时电池电压数据,根据数据读取值进行分析。

检测数据显示此时动力电池总电压、总电流和单节电池电压都明显偏低,说明动力电池损坏,见表 4-16,更换动力电池包,复检和试车是否一切正常。

读取静态（KOEO）电池包部分信息　　　　　　　　表 4-16

数　据　项	数　据　值	最　小　值	最　大　值
电池组当前总电压（V）	429	0	750
电池组当前总电流（A）	231	-500	500
最低单节电池电压（V）	1.332	0	5

3. 前驱电机控制器故障

（1）故障现象。

整车通常表现为不能进入 EV 模式,组合仪表报"请检查动力系统"警示信息。

（2）故障排查首先用 VDS 1000 进入"前驱动电机控制器"模块读取数据流,如图 4-44 所示。此时有两种情况,一种为"系统无应答",需要对低压通信回路进行全面诊断,如电源、搭铁和 CAN 线等;另一种是读取模块有故障码,此时则根据故障码提示进行针对性的检查。

①故障码 P1BB100（前驱动电机控制器 IPM 故障）。

a.首先检查前驱动电机控制器的软件程序版本信息是否为最新版本,是否有更新信息。若有更新,更新控制器软件版本后检查故障码是否重现。

b.进行故障码清除操作,清除后,尝试多次上电进行试车,看故障是否会重现。

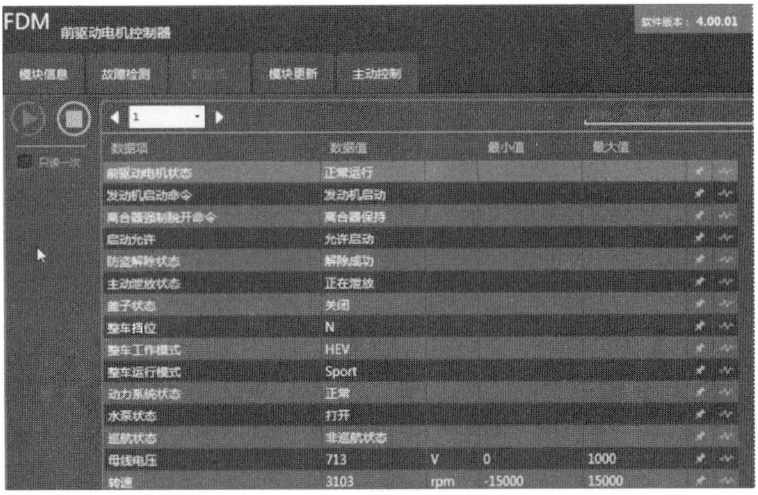

a)前驱动电机控制器数据流1

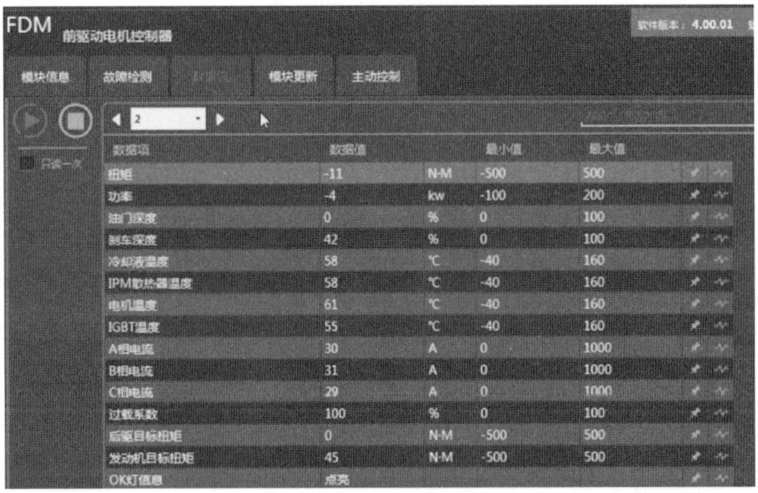

b)前驱动电机控制器数据流2

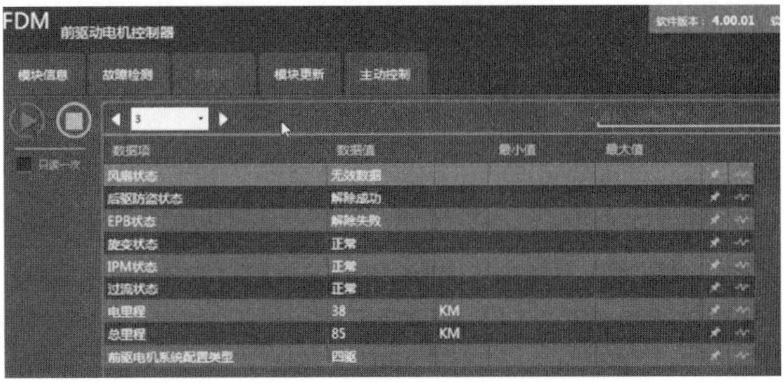

c)前驱动电机控制器数据流3

图 4-44　比亚迪·唐前驱动电机控制器数据流

注:a)分图显示前驱动电机状态为正常,离合器结合,并有电池电力输出。

c.若故障码重现,检测直流母线到三相线的管压降是否正常,见表4-17。若不正常,更换前驱动电机控制器与 DC 总成。

d.若管压降正常,确认是否还报其他故障码,根据其他故障码进行排查依旧无效后,更换前驱动电机控制器与 DC 总成。

检测直流母线到三相线的管压降 表 4-17

端　　子	万用表连接	正常值(V)	备　　注
三相线 A/B/C—直流母线正极	正极—负极	约 0.32V	二极管
直流母线负极—三相线 A/B/C	正极—负极	约 0.32V	
三相线 A/B/C—与车身搭铁	正极—负极	10MΩ	

②故障码 P1BB500(前驱动电机控制器高压欠压)。

a.首先检查前驱动电机控制器的软件程序版本信息是否为最新,若有更新信息,则首先更新前驱动电机控制器的软件程序版本,更新控制器软件版本后再检查故障码是否重现。

b.进行故障码清除操作,清除后,尝试多次上 ON 挡电进行试车,看故障是否会重现。

c.使用诊断仪读取动力电池电压,若动力电池电压小于400V,则对动力电池、高压配电箱和高压线路进行检查。

d.用诊断仪读取前电机控制器直流母线电压(正常值 400~820V),同时对比 DC 母线电压,若都不正常,则检查动力电池、高压配电箱和高压线路。

e.若前驱动电机控制器母线电压正常,而 DC 高压侧电压不正常,则更换前驱动电机控制器与 DC 总成。

③故障码 P1BB900(前驱动电机控制器开盖保护)。

a.首先检查前驱动电机控制器的软件程序版本信息是否为最新,确认故障码是否能清除,然后再尝试多次上 OK 挡进行试车,看故障是否会重现。

b.检查前驱动电机控制器盖子是否打开。

c.更换前驱动电机控制器与 DC 总成。

④前驱动电机温度过高故障码(表4-18)。

前驱动电机温度过高故障码 表 4-18

故　障　码	故障码含义
P1BB300	前驱动电机控制器 IGBT 过温告警
P1BB400	前驱动电机控制器水过温告警
P1BC700	前驱动电机控制器 IPM 散热器过温告警
P1BB200	前驱动电机过温告警

注:原厂维修手册中的"过温"就是温度过高。

温度过高原因分析:

a.电机冷却系统防冻液不足或有空气;

b.电机电动水泵不工作;

c.散热风扇不工作;

d.冷却管路堵塞;

e.前驱动电机控制器与 DC 总成故障。

（3）更换前驱动电机控制器及 DC 总成后的防盗系统编程及标定。

如果前驱动电机控制器及 DC 总成损坏就要更换，更换后必须做防盗系统编程及标定工作，操作步骤如下：

①前驱动电机控制器进行密码清除，如图 4-45 所示。

②对新前驱动电机控制器进行编程，如图 4-46 所示。

a)

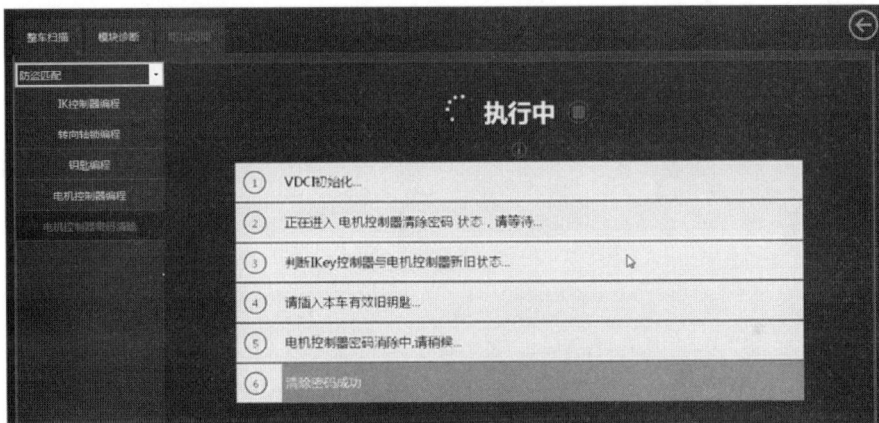

b)

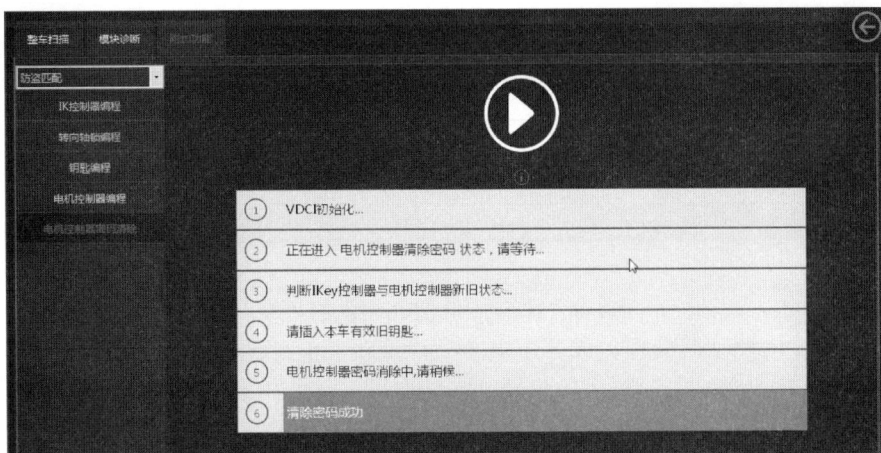

c)

图 4-45　清除前驱动电机控制器密码

a)

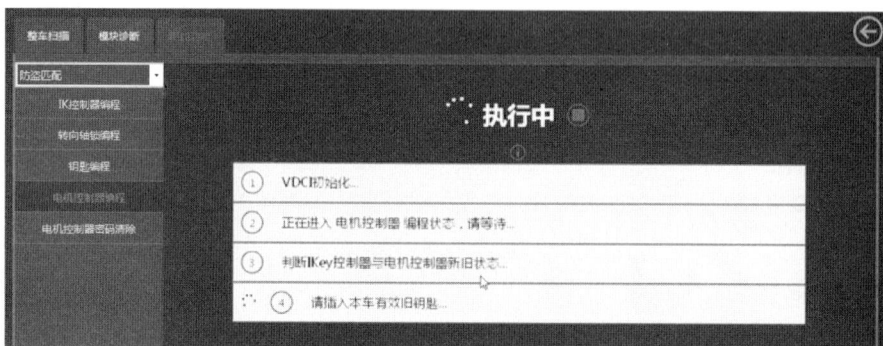

b)

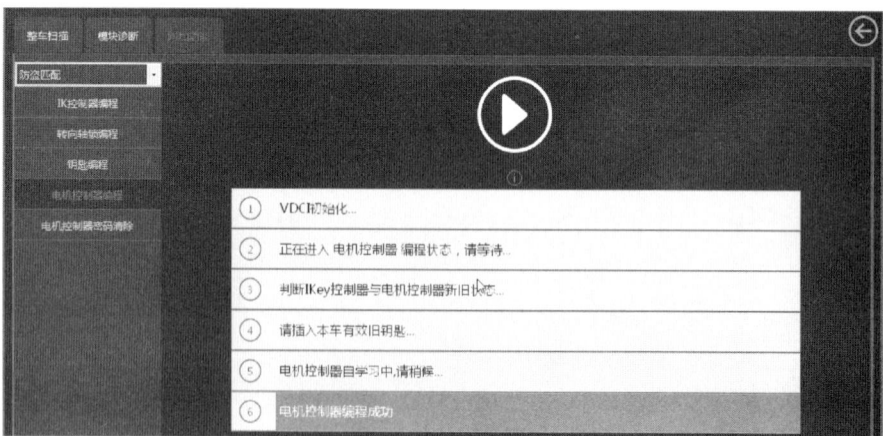

c)

图 4-46　对新前驱动电机控制器进行编程

③前驱动电机控制器编程完成并下电 5s 后,重新上电,读取前驱动电机控制器类型,如图 4-47 所示。

④进入 TCU 模块,读取倾角信息,如图 4-48 所示。

⑤确认制动深度信号是否正常,如图 4-49 所示。

进入前驱动电机控制器模块,读取制动深度信号是否随着脚踩制动踏板深度的变化而变化,不踩制动踏板时显示为 0。

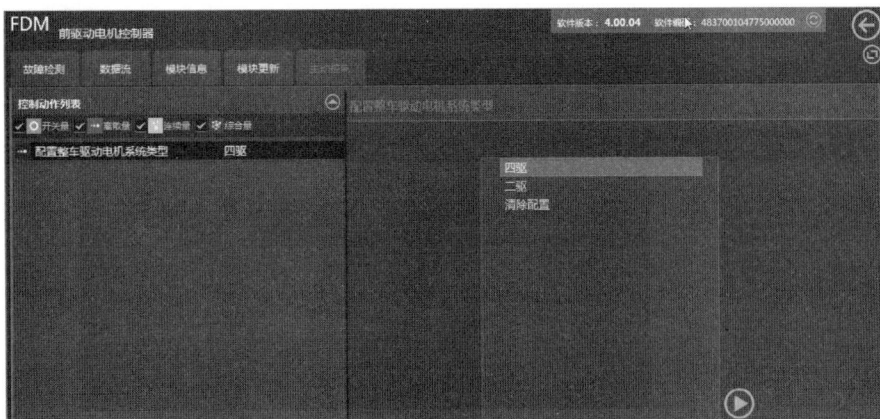

图 4-47　读取前驱动电机控制器类型

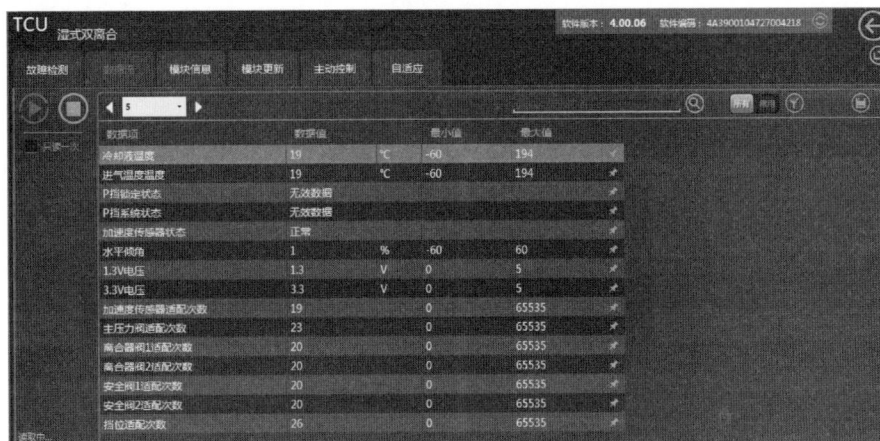

图 4-48　读取 TCU 模块倾角信息

注:车辆处于水平时读取倾角数值,确认是否正常(正常值:0°),如有偏差,则进行倾角标定。

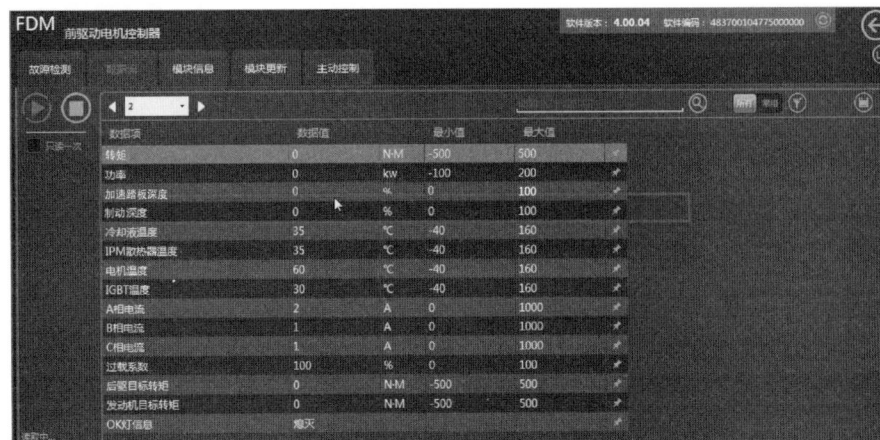

a)未踏制动踏板

图　4-49

b)踏下制动踏板

图 4-49　读取制动深度信号

⑥制动起点标定。

如果读取制动深度信号数据异常,则需进行制动起点标定,标定方法如下:

a. 整车上 ON 挡电(特别注意不要上 OK 挡电,否则车辆在进行第 2 步时会导致车辆向前冲的危险),注意不要踩制动踏板(有制动开关信号就无法标定)。

b. 踩下加速踏板(50% ~100%),持续 5s 以上,电控便可自动标定。

c. 正常下电一次,并延迟 5s 再上电。

(二)比亚迪·秦汽车典型故障诊断与分析

1. 在 EV 模式下电动空调不工作

1)故障现象

一辆比亚迪·秦车在上 OK 挡电后,在 EV 模式下开启空调后发动机自动起动,机械压缩机工作。

2)比亚迪·秦的空调系统简介

比亚迪·秦的空调系统是在传统机械压缩机制冷及发动机冷却液制热的基础上,增加了一套在发动机不工作工况(即 EV 或 HEV 模式)下可实现制冷和制热的独立系统。

比亚迪·秦在 EV 模式和 HEV 模式下开启空调,优先使用电动压缩机及 PTC 加热器加热。当高压电池电量不足或高压空调系统出现故障时,空调控制器与发动机电脑进行通信,停止电动压缩机及 PTC 加热器的工作。起动发动机,利用传统发动机带动机械压缩机及冷却液的循环,实现制冷及制热。

比亚迪·秦的空调控制系统的核心是空调控制器。空调控制器主要接收空调操作面板的按键指令(主要是 CAN 线传递),同时接收传统的温度及压力信号,并和电动压缩机及空调 PTC 加热器共同构成空调内部 CAN 网络。空调控制器接收并检测以上 CAN 信号及各传感器信号,并根据检测的信号情况进行空调冷风或暖风的开启及关闭控制,同时还会根据实际情况判断是否起动发动机。

比亚迪·秦空调系统主要工作流程如图 4-50 所示。

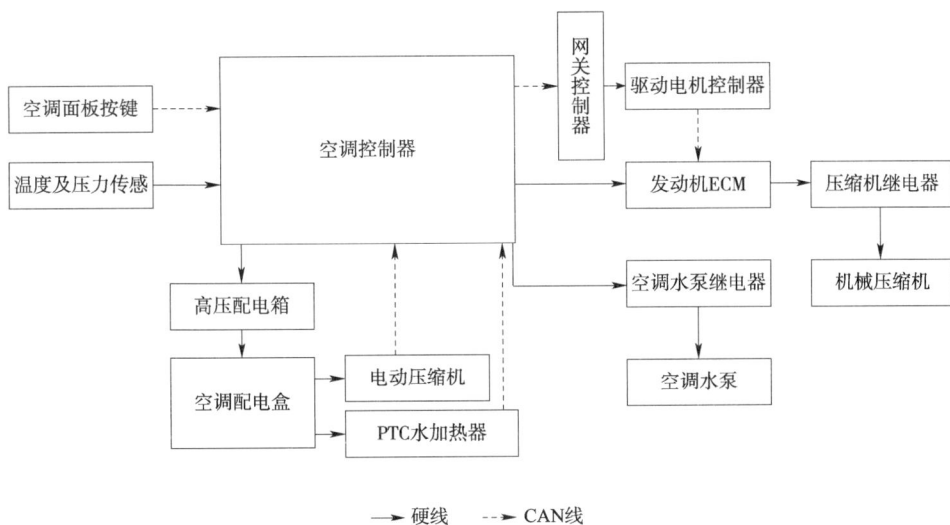

图 4-50　比亚迪·秦空调系统工作流程

3）故障原因分析

该车打开空调后，机械压缩机可以正常工作，可以排除空调管路系统、空调面板按键、温度传感器及压力传感器等故障，因此故障应主要与电动压缩机高压部分及控制部分有关，其可能原因如下：

（1）高压配电箱故障；

（2）空调控制器故障；

（3）空调配电盒故障；

（4）电动压缩机及其线路故障。

4）故障排查流程

比亚迪·秦空调故障诊断排除如下。

（1）车辆上 OK 电后，用诊断仪读取电动压缩机及 PTC 水加热器模块高压的输入是否正常。若高压输入在正常范围内，说明高压配电箱及空调配电盒正常；反之，维修高压配电箱或空调配电箱断路故障。

（2）断开电动压缩机 A56 接插件，测量 A56 接插件 1 脚电压为是否为低压蓄电池电压，测量 A56 接插件的 2 脚搭铁是否正常，若不正常维修线路故障。

（3）测量电动压缩机 A56 接插件的 4 脚、5 脚 CAN 线线上的电压是否正常（约 2.5V 电压），若不正常，维修 CAN 线路故障。

（4）断开 PTC 加热器 B57 接插件，测量 B57 接插件 1 脚电压为是否为低压蓄电池电压，测量 B57 接插件的 6 脚搭铁是否正常，若不正常维修线路故障。

（5）测量 PTC 加热器接插件的 4 脚、5 脚 CAN 线上的电压是否正常（约 2.5V 电压），若不正常，维修 CAN 线路故障。

（6）若电动压缩机及 PTC 加热器接插件线路高压及低压都正常，则电动压缩机或 PTC 加热器故障，更换电动压缩机后，检查故障是否排除。

2.高压互锁故障

1）故障现象

车辆无 EV 模式,仪表提示"请检查动力系统",动力系统故障灯亮;高压 BMS 报故障码
P1A6000,高压互锁故障。

2）故障分析

比亚迪·秦的主要高压接插件(高压 BMS、高压配电箱、维修开关、驱动电机控制器及
DC 总成)均带有互锁回路,当其中某个接插件被带电断开时,动力电池管理器便会检测到高
压互锁回路存在断路,为保护人员安全,将立即进行报警并断开主高压回路电器连接,同时
激活主动泄放。比亚迪·秦高压互锁流程如图 4-51 所示。

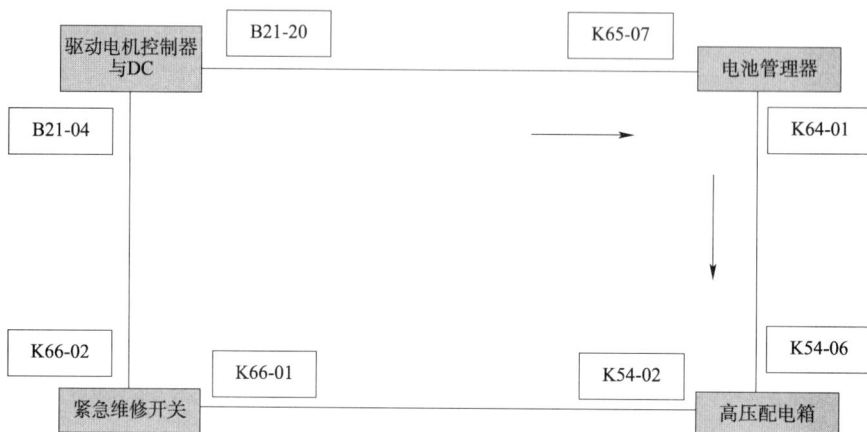

图 4-51 比亚迪·秦高压互锁流程图

3）故障排查

(1)车辆上 ON 挡电,使用诊断仪读取故障码,见表 4-19。

高压互锁故障码

表 4-19

序号	故障码	故障解释
1	P1A4A00	高压互锁,一直检测为高信号故障
2	P1A4000	高压互锁故障

(2)清除故障码,关闭点火开关后重新上电,检查故障码是否重现。

(3)若故障码重现,使用诊断仪读取高压电池管理器及驱动电机控制器数据流,检查高
压电池管理器中"高压互锁"状态是否为"锁止"状态,高压接触器是否为"断开"状态,如图
4-52 所示,反之,则检查高压电池管理器故障。

(4)检查高压电池管理器中"高压互锁"状态是否显示为"锁止"状态,高压接触器是否
为"断开"状态,如图 4-52 所示。若出现上述状态,说明高压电池管理器故障,更换高压电池
管理器;若高压电池管理器中"高压互锁"状态显示为"锁止"状态,高压接触器显示为"吸
合"状态,说明高压接触器出现了烧结故障,更换高压配电箱处理。检测故障是否重现,若重
现,按照下述步骤排除故障。

(5)测量高压互锁端子及低压互锁线束是否连接正常。

①测量高压电池管理器 K64-1 与 K65-7 针脚之间是否导通,如图 4-53 所示。若出现导

通,说明"高压互锁"故障不是由高压电池管理器引起的;若不导通,说明高压电池管理器故障,更换高压电池管理器。

高压电池管理器	4/21
高压互锁:	锁止
主接触器故障:	正常
负极接触器故障:	正常
漏电状态:	正常
电量状态:	正常
湿度状态:	正常
过流状态:	正常
温度状态:	正常
电压过低报警:	正常
电压过高报警:	正常
碰撞信号报警:	正常
碰撞报警仪表:	正常

高压电池管理器	3/21
充电/放电允许:	不允许/不允许
充电信号:	无
充电状态:	正常
预充状态:	未预充
主接触器:	断开
预充接触器:	断开
充电接触器:	断开
负极接触器:	断开
分压接触器1:	断开
分压接触器2:	断开
分压接触器3:	断开
分压接触器4:	断开

a)高压互锁"锁止"　　　　b)高压接触器"断开"

图 4-52　比亚迪·秦高压管理器数据流

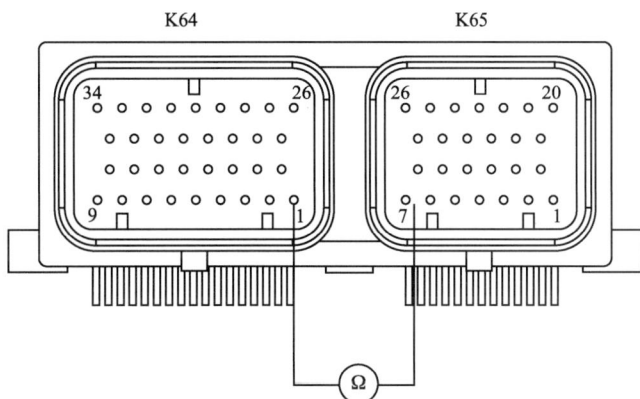

图 4-53　测量高压电池管理器是否出现高压互锁

②测量高压配电箱 K54-2 与 K54-6 针脚之间是否导通,如图 4-54 所示。高压配电箱上有 6 个用于互锁信号的插头,包括:动力电池包输入正、动力电池包输入负、驱动电机控制器与 DC 变换器正极、驱动电机控制器与 DC 变换器负极、车载充电器输入、输出至空调配电盒,如图 4-55 所示。这些接插件插上后互锁针脚是串联状态,测量插接件 K54-2 与 K54-6 的导通性即可确认高压配电箱的高压互锁是否正常。若导通,说明"高压互锁"故障不是由高压配电箱引起的;如果不导通,检查高压及低压互锁端子针脚是否有退针现象,如图 4-56 所示。若未出现高压及低压互锁端子针脚退针,说明高压配电箱故障,更换高压配电箱。

③驱动电机控制器及 DC 总成无法直接测量,可以用排除法先测量维修开关 K66-1 与 K66-2 这两个针脚导通是否正常。若导通,说明"高压互锁"故障不是由维修开关引起的;若不导通,说明维修开关故障,更换维修开关。

④若维修开关正常,拔掉所有高压线束检查互锁针脚是否有退针现象,如图 4-56 所示。若出现针脚退针,处理互锁针脚插头故障。

⑤若以上测量均正常,替换高压电池管理器后检查故障是否排除。

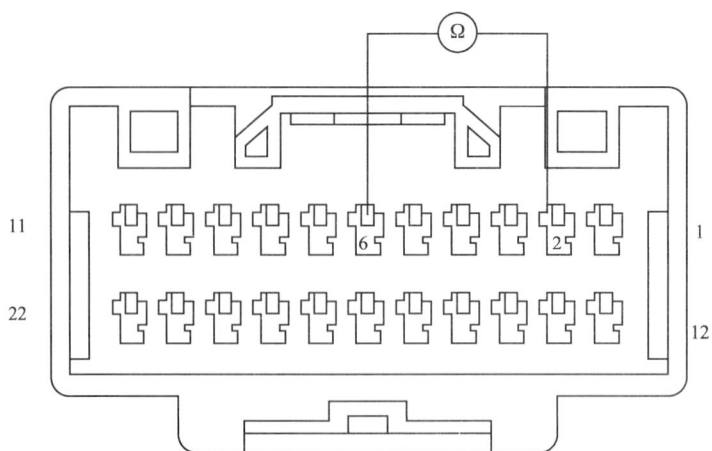

图 4-54　高压配电箱低压接插件 K54 互锁端子

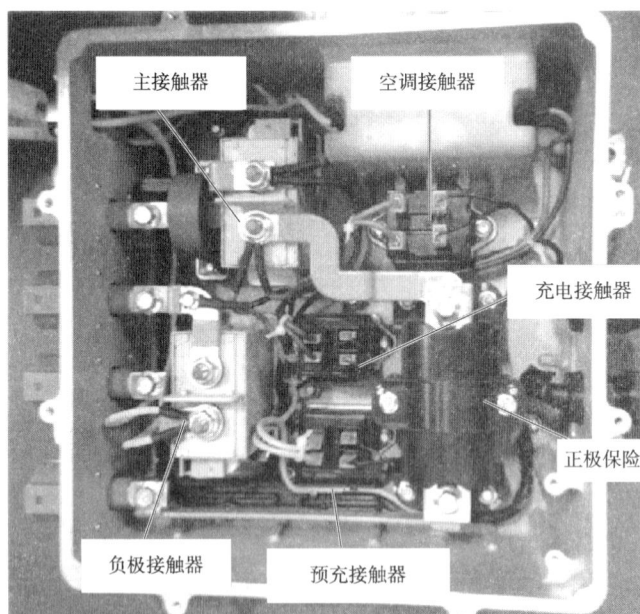

图 4-55　高压配电箱内部结构

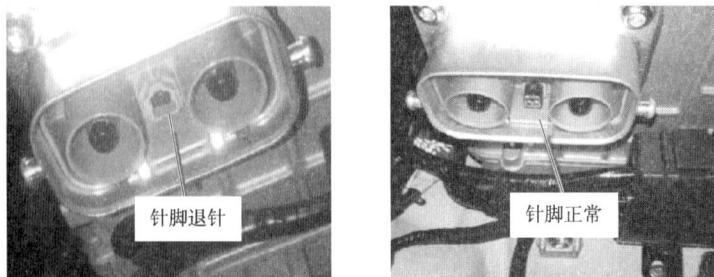

图 4-56　高压互锁针脚退针与正常状态对比

技能实训

(一)实训目标

(1)掌握混合动力汽车高压安全防护措施和操作规范;

(2)学会使用诊断仪对混合动力汽车进行检测和诊断;

(3)学会分析混合动力汽车发动机系统的常见故障原因,以及故障诊断基本方法;

(4)学会分析混合动力汽车电力驱动系统常见故障原因,以及故障诊断基本方法;

(5)学会国产典型混合动力汽车的故障诊断方法;

(6)了解日系等典型混合动力汽车的故障诊断方法。

(二)设备/工具/耗材

(1)比亚迪·秦、唐,或荣威 E550、E950、eRX5 等典型国产并联插电式混合动力汽车或台架,丰田普锐斯或其他混联混合动力汽车或台架。

(2)诊断仪(与实训车辆配套),万用表,试灯。

(3)举升机、工具车、绝缘工具、拆检工具。

(4)高压安全防护套装、绝缘垫。

(5)汽车维修护垫三件套、车内三件套、抹布。

(6)原厂维修资料。

(三)安全防护与操作

1.安全防护要求

混合动力汽车具有高压装置,涉及整车高压的部分有:整车高压线束(橙色)、动力电池包、高压配电箱、车载充电器、驱动电机控制器及 DC 总成、电动力总成、一体化压缩机、PTC 加热器、维修开关等。为确保人身安全,避免操作不当引起安全事故的发生,在检测维修高压部分时,必须按以下要求操作:

(1)维修人员必须佩戴必要的安全防护用品,如绝缘手套(准备防高压电工手套以及防电池电解液酸碱性两种手套)、绝缘胶鞋、绝缘胶垫和防护眼镜等,电压等级必须大于需要测量的最高电压。

(2)使用前必须检查绝缘手套是否有破损,如破洞或裂纹等,应完好无损,确保安全。

(3)使用前必须检查绝缘手套、绝缘胶鞋等防护用品,不能带水(或湿)进行操作,确保安全。

(4)严禁未经培训的人员进行高压部分检修,禁止一切带有侥幸心理的危险操作,避免发生安全事故。

(5)维修车辆时,必须设置专职监护人一名,由监护人监督维修。实训指导教师担任监护人必须具备中级以上电工证和低压电安全操作证,并具有丰富电器维修经验,经考核合格后方能担任监护人。监护人的工作职责如下:

①监督维修的全过程,包括工具使用、防护用品、备件安全保护、维修环境警示牌是否符

合要求。

②检查维修开关的接通和断开。

③对维修过程中的安全维修操作规程进行检查,在进行较复杂或较危险的作业时,监护人要按安全维修操作规程指挥操作,维修人员在做完一个操作后要告知监护人,监护人要在作业流程单上作标记。

④要认真责任,确保维修过程的安全,避免发生安全责任事故。

2.安全维修操作规范

(1)识别高压部件,包括动力电池包、高压配电箱、车载充电器、驱动电机控制器及 DC 总成、电动力总成、一体化压缩机、PTC 加热器、维修开关。

(2)整车橙色线束均为高压线,严禁带电触碰。

(3)检修高压系统时,整车电源必须处于 OFF 挡(并且车辆处于非充电状态),并拔下维修开关;紧急维修开关拔下后,由专职监护人员保管,并确保在维修过程中不会有人将其插上。

(4)当需要维修或更换高压配电箱时,应小心拔出连接电池包的正、负极高压接插件,使用绝缘胶带包好裸露出的电线头,避免触电。

(5)在断开紧急维修开关 5min 后,进行检修高压系统前应使用万用表测量高压回路,确保无电:

①测量电池包正极和车身之间的电压来初步判断是否漏电。若检测到电压大于或等于 50V,则说明电池包漏电,应立即停止操作。

②使用万用表测量高压时,需注意选择正确量程,检测用万用表精度不低于 0.5 级,要求具有直流电压测量挡位,量程范围不小于或等于 600V,并遵守"单手操作"原则。

③所使用的万用表一根表笔线上配备绝缘鳄鱼夹(要求耐压为 3kV,过电流能力大于 5A),测量时先把夹子夹到电路的一个端子,然后用另一只表笔接到需测量端子测量读数。每次测量时只能用一只手握住表笔;测量过程中,严禁触摸表笔金属部分。

(6)在低压调试时维修开关不装配,在进行高压调试时,必须由专职监护人指挥装配维修开关。

(7)高压调试必须在低压调试好的前提下进行,以便判断电池是否有漏电情况。如有漏电情况应及时检查,不能进行高压调试。

(8)拆装动力电池包总成时,首先把高压配电箱连接高压线束插接件用绝缘胶带缠好,拆装过程不要损坏线束,以免发生触电危险。

(9)检修或更换高压线束、油管等经过车身钣金孔部件时,需注意检查与车身钣金的防护是否正常,避免线束、油管磨损。

(四)作业单

姓名:_____　　班级:_____　　学号:_____

实训车型:_____　　　　17 位 VIN 码:_____

混合动力汽车类型:_____　　汽车上诊断座位置:_____

诊断仪型号:_____

(1)客户进厂报修,填写问诊单(表4-20)。

比亚迪环检问诊单 表4-20

	比亚迪汽车_____服务店车辆环检问诊单					
是否预约 是□ 否□		车牌号_____		接车时间:年 月 日 时 分		
基本信息	车主□ 送修人□	姓名		车型	购车日期	
		电话		备用电话	总里程	
		VIN 码			EV 里程	

顾客描述	保　养:□首次维护　□强制维护　□一般维护　□常规维护 发动机:□难起动　□急速不稳　□动力不足　□油耗高　□易熄火　□抖动　□加速不良 异　响:□发动机　□底盘　□行驶　□变速箱　□制动　□仪表台　□座椅车门 灯　亮:□发动机故障灯　□SVS 灯　□ABS 灯　□空气囊灯　□机油压力报警灯 　　　　□胎压报警灯　□EPS 灯/IREPS 灯　□ESP 灯　□充电系统灯　□动力系统故障灯 　　　　□电机故障灯　□主警告指示灯　□动力电池故障灯　□发动机冷却液报警灯　□电机冷却液报警灯 空　调:□不制冷　□异响　□有异味　□出风冷热不均 漏　水:□冷却液　□车身　□天窗　□前风窗玻璃　□后风窗玻璃 漏　油:□发动机　□变速箱　□制动　□转向 事　故:□保险事故整形油漆　□局部整形补漆 具体描述(5W2H):
物品确认 (有打"√", 无打"×")	□备胎　□随车工具　□灭火器　□点烟器　□警示牌　□充电线 □其他_____
环车检查	内饰检查　□　　　　外观检查　□ 检查结果:良好√　　　异常× 油量　F E 电量　____%
服务顾问提醒	1.维修旧件(非索赔件)处理:□顾客要求带走　□顾客选择不带走 2.维修后洗车:　　　　□洗车　　　□不洗车 3.维修后充电:　　　□充电　　　□不充电　　□预估充电用时_____ 4.已提醒您将车内贵重物品带离车辆并妥善保管:　　□已确认 服务顾问_____　　顾客签字_____
服务/技术顾问初步	签字:

维修班组诊断结果	维修项目	所需备件	备件确认	索赔确认
			□有　□无	□是　□否
			□有　□无	□是　□否
			□有　□无	□是　□否

（2）对车辆检查,填写健诊报告单(表4-21)。

比亚迪汽车健诊报告单　　　　　　　　　　　　　表4-21

比亚迪汽车健诊报告单			
顾客姓名		车牌	车型
健诊项目	健诊结果		参考值
VDS程序扫描	□无程序更新　□有程序更新 □车辆无故障　□车辆有故障		
模式转换 — EV、HEV	□转换正常　□不能转换		此项只针对新能源车型; 混合动力车型全检; 纯电动车型只检查EV(ECO、SPORT)
模式转换 — EV(ECO、SPORT)	□转换正常　□不能转换		
模式转换 — HEV(ECO、SPORT)	□转换正常　□不能转换		
车辆灯光检测	□正常　□建议更换灯泡　□建议更换总成 (　)灯故障		检查范围:远光灯、近光灯、雾灯、示宽灯、转向灯、刹车灯、倒车灯、昼行灯
冷却液液位检查	□正常　□缺少　□已添加　□建议更换		处于MAX标记和MIN标记之间
转向助力泵油液液位检查	□正常　□缺少　□已添加　□建议更换		处于MAX标记和MIN标记之间(电动助力转向车型不检查此项)
制动液检测 — 油壶液位	□正常　□缺少　□已添加		处于MAX标记和MIN标记之间
制动液检测 — 油质颜色	□正常　□建议更换		1.制动液颜色为浅黄色,若制动液颜色发生变化,建议更换 2.使用超过2年或4万km建议更换
发动机皮带及附件检查	□正常　□皮带松旷,已调整 □皮带老化/开裂/严重磨损,建议更换		
空调滤芯	□正常　□已清洁　□建议更换		
胎压检测 — 前	左(　)kPa 右(　)kPa	□正常 □轮胎气压偏高/偏低	F3/新F3/F3R/L3/G3/G3R/S6: 200~220kPa F0/速锐/G5:210~230kPa 思锐/S7:220~240kPa F6/G6:230~250kPa M6/秦/E6/唐:240~260kPa 宋/R18:220~240kPa R17:210~230kPa 单位换算:1psi=6.895kPa 1bar=100kPa 1MPa=1000kPa; 1kg/cm²=100kPa
胎压检测 — 后	左(　)kPa 右(　)kPa	□正常 □轮胎气压偏高/偏低	

续上表

健 诊 项 目		健 诊 结 果		参 考 值
胎压检测	备用轮胎	( ) kPa	□正常 □轮胎气压偏高/偏低	F3/新 F3/F3R/L3/G3/G3R/ S6:200～220kPa F0/速锐/思锐/G5:210～230kPa F6/G6/S7:220～240kPa M6:240～260kPa 秦/E6/唐:420kPa±10kPa 宋:210～230kPa 单位换算:1psi=6.895kPa; 1bar=100kPa; 1MPa=1000kPa; 1kg/cm²=100kPa
胎纹深度检测	前	□正常 过度磨损:□轮胎换位 □建议更换(测量值: mm)		F3/新 F3/F3R/L3/G3/G3R/F6/ G6/M6/S6/速锐/G5/思锐/F0/秦/ E6/S7/唐/宋:大于1.6mm
	后	□正常 过度磨损:□轮胎换位 □建议更新(测量值: mm)		
	备用轮胎	□正常 过度磨损:□轮胎换位 □建议更换(测量值: mm)		
摩擦块厚度检测	前	□正常 过度磨损:□建议更换 (测量值:左____ mm,右____ mm)		F3/新 F3/F3R/L3/G3/G3R/F0/ F6/G6/M6/S6/速锐/G5/思锐/秦/ E6/宋:大于2mm
	后	□正常 过度磨损:□建议更换 (测量值:左____ mm,右____ mm)		F3/新 F3/F3R/L3/G3/G3R/F6/ G6/M6/S6/速锐/G5/思锐/秦/E6/ S7/唐/宋:大于2mm F0:大于1mm
车轮螺母力矩		□螺母力矩正常 □螺母力矩已紧固		F3/新 F3/F3R/L3/G3/G3R/速 锐/G5/F6/G6 思锐/E6:110N·m M6/S6/秦/S7/唐:120N·m F0:103N·m 宋:108N·m
底盘检查		□无油液泄漏 □无磕碰损伤 □底盘螺栓已紧固		底盘螺栓力矩以技术资料参数 为准
		高低压电源线路:□无磕碰损伤 □存在磕碰损伤		此项只针对秦车型

建议关注项目(目前不须更换,但是存在一定程度的老化、磨损等情况):
维修技师	检查日期: 年 月 日 时 分

(3)观察 KOEO(Key On Engine Off)和 KOER(Key On Engine On)状态下仪表盘的显示情况,填写表 4-22 和表 4-23。

①仪表。

仪 表 显 示 情 况   表 4-22

仪表图形	作　　用	显 示 情 况		分析是否正常
		KOEO	KOER	

②警示灯。

警示灯显示情况   表 4-23

警示灯仪表图符	作　　用	显 示 情 况		分析是否正常
		KOEO	KOER	

③总结分析仪表盘显示情况。

(4)读取故障码。在 KOEO 状态下读取故障码,记录填写表 4-24。

读 取 故 障 码 表　　　　　　　　表 4-24

系　　统	故　障　码	故障码类型 历史码:H;当前码:N	故障码含义	分　　析
		H　N		
		H　N		
		H　N		
		H　N		
		H　N		
		H　N		
		H　N		
		H　N		

(5)读取各系统的数据流,观察红色的故障数据,并填入表 4-25。

KOEO 和 KOER 状态下的故障数据流分析　　　　表 4-25

检测系统	显示红色的数据名称		显示值	单位	分　　析
	KOEO	KOER			

(6)清除故障码。清除故障码,起动运行后再次读取故障码,完整填写表 4-24(当前故障码)。

（7）根据上述故障码和数据流分析故障原因，填写表4-26。

故障检测诊断步骤和方法　　　　　　表4-26

分析可能故障原因：

检测诊断步骤和方法		
步骤序号	检测诊断内容	操作说明

检测诊断故障结果

故障排除方法

实训体会

教师点评

注：1. 本实训作业单是比亚迪混合动力汽车的故障诊断作业单，其他混合动力汽车实训作业单可参照编写。

2. 故障设置由指导教师根据实训车辆故障设置系统设置。

模块小结

（1）混合动力汽车按驱动方式可分为串联、并联和混联三种。

（2）判断混合动力汽车故障，首先要了解被检车辆的类型，还要了解在什么驱动模式下发生故障。

（3）混合动力汽车发动机系统故障诊断方法与传统电控发动机基本相同。

（4）混合动力汽车电力驱动系统部件故障主要包括动力电池与管理系统故障和驱动电机与控制系统故障。

（5）比亚迪系列和荣威系列混合动力汽车都是并联插电式混合动力汽车，因此了解发动机组成与控制系统、电力驱动组成与控制系统是故障诊断的基本条件。

（6）混合动力汽车的故障诊断方法：首先了解故障发生条件，确认故障真实性，然后使用诊断仪读取和分析故障码和数据流，查看需标定的系统，比较类似故障，最后结合维修手册检测诊断故障。

（7）丰田系列混联型混合动力汽车的基本故障码由 P▲▲▲▲ +3 位信息码组成。同时有多个故障码出现时应按出现顺序读取分析，并分离无关的故障码。

（8）维修日系混合动力汽车时，必须使怠速停止模式不工作；否则会造成重大安全事故。

思考与练习

（一）填空题

1. 判断混合动力汽车故障，首先要了解被检车辆是_____型、_____型或_____型；其次要了解在_____工作模式，或_____工作模式，或_____工作模式下发生故障。

2. 当荣威电驱动变速器出现某些故障时，_____会储存相关的诊断故障码（DTC），这些故障码可通过_____获取。

3. 蓄电池 ECU 对 HV 蓄电池的控制有 3 个控制内容：_____控制、_____控制、_____控制。

4. 在动力电池系统中，从故障发生的部位看，主要有_____故障、_____故障和_____故障。

5. 如果单体电池 SOC 偏低，应对该单体电池_____；如果单体电池 SOC 偏高，应对该单体电池_____。

6. 电池管理系统故障包括_____故障、_____故障、_____故障、_____故障、_____故障、_____故障、_____故障和_____故障等。

7. 内置于 HV 蓄电池 ECU 的"漏电检测电路"持续监视_____路与_____绝缘性能。如果绝缘电阻降至低于规定界限，则存储一个_____DTC，且_____。

8. 电动机及管理系统的常见故障主要有_____故障、_____故障、_____故障。

9. 通电后电动机不转,有嗡嗡声的故障原因可能是转子绕组有_____,或电源回路_____,接触电阻大,或电动机_____过大或转子卡住,或_____过低等。

10. 日系混合动力汽车上装置一个高压安全维修开关,安装在_____上。对于本田公司的两款混合动力轿车,要想拆除轿车上的高压电气系统,需要打开动力单元上面的一个_____,并且把里面的开关打到_____位置。

(二) 判断题

1. 串联型新能源汽车的驱动动力源是唯一的电动机,所以诊断的切入口就是电动机。
( )

2. 如果并联和混联混合动力汽车在发动机运行模式时工作正常,而在纯电动运行模式时不正常,说明动力电池有故障。 ( )

3. 混合动力汽车的空调压缩机有故障,则发动机不能起动运行。 ( )

4. 并联新能源汽车的动力电池有故障,会造成发动机冷车难起动的故障。 ( )

5. 驱动电动不运转的故障原因是驱动电机损坏。 ( )

6. 缺一相电,永磁同步电动机不运转,用诊断仪可以读出故障码。 ( )

7. 如果丰田混合动力汽车有多个故障码,则按照故障码大小顺序进行检查。 ( )

8. 荣威 eRX5 混合动力汽车的动力电池温度高,应检查发动机冷却系统工作是否正常。
( )

9. 如果丰田混合动力汽车没有被长期使用,HV 电池容量持续下降,会被储存 DTC 【P3000】故障码。 ( )

10. 丰田 Pruis 轿车上有一个"怠速停止"模式,在进行维修工作之前,应该把点火开关关掉。确保"怠速停止"模式指示灯是熄灭的。 ( )

(三) 简答题

1. 诊断仪在混合动力汽车故障诊断中起什么作用?

2. 对混合动力汽车进行故障诊断应注意哪些事项?

3. 简述并联插电式混合动力汽车故障诊断的方法。

4. 当图 4-57 的警示灯亮时,车辆能否起动运行? 如何诊断故障?

图 4-57 警示灯亮

5. 一辆比亚迪·秦汽车不能起动运行,简述诊断流程。

6. 一辆奔驰 S400 混合动力汽车不能起动,读取故障码有两个:C11000(与电机 A 控制单元的通讯存在功能障碍)、OA7F00(高压蓄电池模块的年限已达到)。试根据混合动力汽车基本控制原理分析故障原因。

参 考 文 献

[1] 王刚.新能源汽车[M].北京:清华大学出版社,2015.
[2] 臧杰.新能源汽车[M].北京:机械工业出版社,2013.
[3] 邹政耀,王若平.新能源汽车技术[M].北京:国防工业出版社,2012.
[4] 赵振宇.新能源汽车技术[M].北京:人民交通出版社, 2013.
[5] 钱伯章.新能源汽车与新型蓄能电池及热电转换技术[M].北京:科学出版社,2010.
[6] 王震坡,孙逢春,刘鹏.电动汽车原理与应用技术[M].北京:机械工业出版社,2014.
[7] 李瑞明.新能源汽车技术[M].北京:电子工业出版社,2014.